工程岩土与地基基础能力训练习题集

主 编 杨侣珍

参 编 余 训 李颜艳

西南交通大学出版社
·成都·

图书在版编目（CIP）数据

工程岩土与地基基础能力训练习题集/杨侣珍主编.
—成都：西南交通大学出版社，2017.1（2023.7 重印）
ISBN 978-7-5643-5169-4

Ⅰ. ①工… Ⅱ. ①杨… Ⅲ. ①岩土工程–高等学校–习题集②地基–基础（工程）–高等学校–习题集 Ⅳ. ①TU4-44②TU47-44

中国版本图书馆 CIP 数据核字（2016）第 298559 号

工程岩土与地基基础能力训练习题集
主编　杨侣珍

责 任 编 辑	柳堰龙
封 面 设 计	墨创文化
出 版 发 行	西南交通大学出版社 （四川省成都市二环路北一段 111 号 西南交通大学创新大厦 21 楼）
发 行 部 电 话	028-87600564　028-87600533
邮 政 编 码	610031
网　　　　址	http://www.xnjdcbs.com
印　　　　刷	成都蜀通印务有限责任公司
成 品 尺 寸	185 mm×260 mm
印　　　　张	6
字　　　　数	103 千
版　　　　次	2017 年 1 月第 1 版
印　　　　次	2023 年 7 月第 5 次
书　　　　号	ISBN 978-7-5643-5169-4
定　　　　价	19.80 元

课件咨询电话：028-51435775
图书如有印装质量问题　本社负责退换
版权所有　盗版必究　举报电话：028-87600562

前　言

　　本习题集是根据湖南交通职业技术学院卓越院校课程建设的要求，参照最新国家设计和施工等规范编写，与 2015 年出版的《基础工程》教材配套使用。全书一共包括 4 个模块、9 个能力训练项目、2 个课程实践任务、2 个设计项目、2 个设计方案、2 个参考资料。

　　本习题集在内容上把握重点知识，结合当前学生的工作岗位进行设定，注重学生能力的提升。在熟悉知识点的基础上，合理选择相应模块中对应的内容进行练习或实践，不但可以让学生快速地掌握及应用知识点，而且可以提高学生动手能力及分析思考的能力。全书共设置了 4 个模块，每个模块包含了知识点纲要、训练目的、具体的训练项目和设计项目以及设计方案。其中设计项目中包含一些典型的设计案例，大大简化了原来的设计流程，设计思路也更加清晰，便于学生快速理解和掌握。

　　本书由湖南交通职业技术学院杨侣珍老师主编，由湖南交通职业技术学院 3 位骨干教师共同完成。其中：模块 1 由杨侣珍老师编写；模块 2 由李颜艳老师、杨侣珍老师共同编写；模块 3 由余训老师、杨侣珍老师共同编写；模块 4 由杨侣珍老师编写。

　　限于编写水平和能力，书中不足在所难免，恳请读者批评指正。

编　者

2016 年 10 月

目 录

模块 1　天然地基上的浅基础
　　能力训练项目 1　持力层和埋深选择 …………………………………… - 3 -
　　能力训练项目 2　基坑围挡识图训练 …………………………………… - 6 -
　　设计项目 1　刚性扩大基础课程设计 …………………………………… - 8 -
　　设计方案 1　刚性扩大基础课程设计 …………………………………… - 22 -

模块 2　桩基础
　　能力训练项目 3　水中围堰结构识图训练 ……………………………… - 35 -
　　能力训练项目 4　灌注桩首灌量的计算和导管的配设 ………………… - 37 -
　　能力训练项目 5　钢筋骨架识图和钢筋用量、混凝土用量计算 ……… - 41 -
　　能力训练项目 6　灌注桩常见问题分析 ………………………………… - 45 -
　　能力训练项目 7　单桩轴向容许承载力的计算 ………………………… - 48 -
　　课程实践任务 1　灌注桩与预制桩的对比 ……………………………… - 50 -
　　设计项目 2　桩基础课程设计 …………………………………………… - 52 -
　　设计方案 2　桩基础课程设计 …………………………………………… - 55 -

模块 3　沉井基础
　　课程实践任务 2　刚性扩大基础、桩基础、沉井基础的比较 ………… - 65 -

模块 4　地基的处理
　　能力训练项目 8　水泥搅拌桩案例 ……………………………………… - 69 -
　　能力训练项目 9　强夯和碎石桩案例 …………………………………… - 74 -
　　参考资料 1 ………………………………………………………………… - 79 -
　　参考资料 2 ………………………………………………………………… - 85 -

参考文献 ……………………………………………………………………… - 90 -

模块 1　天然地基上的浅基础

※　能力训练项目 1　持力层和埋深选择

※　能力训练项目 2　基坑围挡识图训练

※　设计项目 1　刚性扩大基础课程设计

※　设计方案 1　刚性扩大基础课程设计

能力训练项目1　持力层和埋深选择

一、知识点纲要

（1）持力层：直接支撑基础的土层，起主要承重结构的土层。一般是承载能力大、变形沉降量小的土层。

（2）埋置深度：对于受水流冲刷的基础，指一般冲刷线到基础底面的垂直距离（m）；对于不受水流冲刷的基础，指天然地面到基础底面的垂直距离；简称埋深。

（3）埋置深度的确定原则：在确定基础埋置深度时，必须考虑把基础设置在变形较小且强度又比较大的持力层上，以保证地基强度满足要求，而且不致产生过大的沉降或沉降差。此外还要使基础有足够的埋置深度，以保证基础的稳定性，确保基础安全。确定基础的埋置深度时，须综合考虑各因素的作用。

（4）埋置深度影响因素：主要包括地基的地质条件、河流的冲刷深度、当地的冻结深度、上部结构形式、当地的地形条件、保证持力层稳定所需的最小埋置深度。

二、训练目的

（1）在学习了基础的理论知识之后，训练学生对于持力层和埋深知识点的掌握和应用。

（2）训练学生能判断和分析不同土层，结合埋置深度的影响因素选择合适的土层作为持力层。

三、训练项目

某大桥建于常年有水流的河中，其河流的地质、水文条件如图1.1所示，试根据资料确定基础的埋置深度。

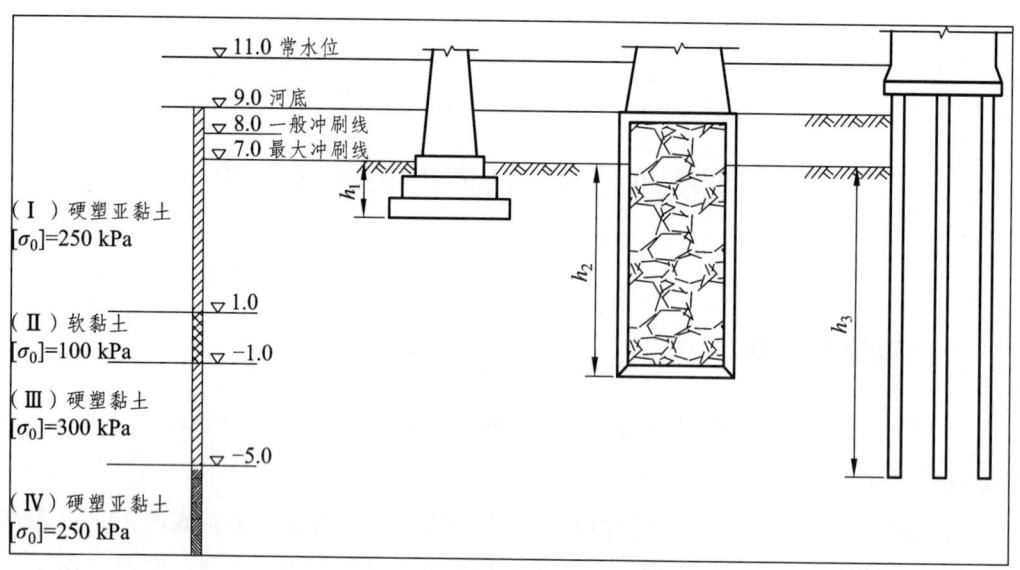

图 1.1 基础埋深的不同方案

分析思路：从埋置深度的确定因素、埋深安全值及所选的持力层土质分析。

方案一：

方案二：

方案三：

能力训练项目 2 基坑围挡识图训练

一、知识点纲要

在基坑开挖过程中,应该根据坑壁稳定与否,对坑壁不设围护或设置围护。参考围护类型如下:

1. 挡板围护

挡板围护主要是指木挡板、钢木结合挡板、钢结构挡板。挡板的支撑适用于开挖面积不大、地下水较低、挖基深度较浅的基坑,一般施工是先开挖基坑后设置挡板围护。

2. 板桩墙支护

板桩是在基坑开挖前先垂直打入土中至坑底以下一定深度,然后边挖边设支撑,开挖基坑过程始终在板桩支护下进行。板桩墙分无支撑式、支撑式和锚撑式。支撑式板桩墙按设置支撑的层数可分为单支撑板桩墙和多支撑板桩墙。由于板桩墙多应用于较深基坑的开挖,故多支撑板桩墙应用较多。

3. 喷射混凝土护壁

喷射混凝土护壁以高压空气为动力,将搅拌均匀的砂、石、水泥和速凝剂干料,由喷射机经输料管吹送到喷枪,在通过喷枪的瞬间,加入高压水进行混合,自喷嘴射出,喷射在坑壁上,形成环形混凝土护壁结构,以承受土压力。喷射混凝土护壁,宜用于土质较稳定、渗水量不大、深度小于 10 m、直径为 6~12 m 的圆形基坑。

4. 混凝土围圈护壁

混凝土围圈护壁是用混凝土环形结构承受土压力,但其混凝土壁是现场浇筑的普通混凝土,壁厚较喷射混凝土大,一般为 15~30 cm,也可按土压力作用下环形结构计算。适用情况:混凝土围圈护壁适应性较强,可以按一般混凝土施工,基坑深度可达 15~20 m,除流砂及呈流塑状态黏土外,可适用于其他各种土类。

5. 桩体围护

在软弱土层中较深的基坑，可以采用钻挖孔灌注桩或深层搅拌桩等，按密排或框格形布置成连续墙形成支挡结构。桩体围护常用于市政工程、工业与民用建筑工程，桥梁工程中也有使用。

二、训练目的

（1）在学生学习了基础的理论知识之后，强化其对于基坑围护种类知识点的掌握，使其了解不同围护的适用条件。

（2）训练学生结合基坑开挖及围护图片，思考用的是何种围护方法以及为什么要用这种方法，进一步描述图中所进行的施工工艺。

三、训练项目（表 1.1）

表 1.1 基坑围护结构辨识

图 片	基坑采用什么围护结构形式	描述正在进行的施工工艺

续表 1.1

图　　片	基坑采用什么围护结构形式	描述正在进行的施工工艺

设计项目 1　刚性扩大基础课程设计

一、知识点纲要

1. 基础设计的原则

地基、基础、墩台和上部结构是共同工作且相互影响的一个整体，地基和基础的任何变化都会影响上部结构的受力和变形，为了保证建筑物的安全和正常使用，设计人员须设计出安全、经济和可行的地基及基础。基础工程设计计算须符合下面基本原则。

（1）基础底面的压力小于地基的容许承载力。

要求基础底面的压力小于地基的容许承载力。此外，地基承载力包括持力层承载力、软弱下卧层承载力，均应判断其是否满足要求。

（2）地基及基础的变形值小于建筑物要求的沉降值。

地基变形问题包括地基沉降问题和地基稳定性问题。基础整体沉降、倾斜不仅影响建筑外观及使用，对于部分敏感建筑还会使上部结构产生次生应力，造成上部结构应力调整重分布，可能影响部分构件承载力，严重的可能导致倾覆问题。因此，地基及基础的变形值小于建筑物要求的沉降值。

（3）地基及基础的整体稳定性要有足够保证，因为所有的基础设计均建立在地基稳定的前提下。

2. 基础设计的内容

基础设计的内容主要包括：对地基作出评价，结合建筑物和其他具体条件初步拟定基础的材料、埋置深度、类型及尺寸，然后通过验算证实各项设计要求是否能得到满足。刚性扩大基础的设计与计算的主要内容如下：

（1）初步选择基础的持力层，确定基础的埋置深度。

（2）选择材料，拟定刚性扩大基础的尺寸和形状。

（3）地基承载力验算。

（4）基底合力偏心距验算。

（5）基础抗滑稳定性和抗倾覆稳定性验算。

（6）必要时验算基础沉降。

3. 基础设计步骤（图1.2）

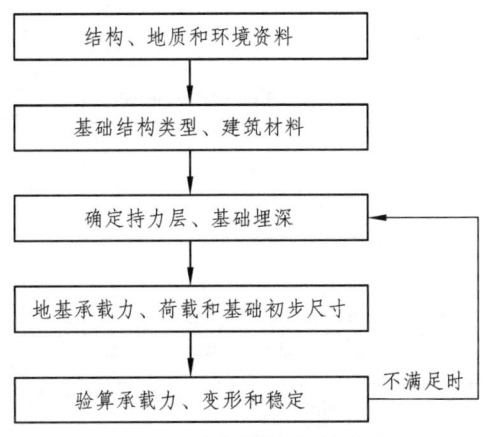

图1.2 地基基础设计流程

二、训练目的

（1）在熟悉了基础的设计原则、设计内容、设计步骤之后，安排课程设计项目，这样可以熟悉设计流程和主要设计内容，有利于知识点的理解和掌握。

（2）增强学生的动手能力，提升其分析和解决问题的能力。

（3）设计项目是综合性的，需要团队协作，在这个过程中提升了学生团队协作的能力。

三、训练项目

训练项目包括刚性扩大基础设计任务、设计指导、设计方案几部分，下面详细展开说明。

四、刚性扩大基础设计任务

（一）基本资料

某公路桥梁，采用 6 孔等跨，标准跨径 L=20 m，计算跨径 L_0=19.5 m。该工程为二级公路桥，交通量大（荷载等级为公路—Ⅰ级）。钢筋混凝土简支梁桥，每跨大梁一端为弧形滑动支座，另一端为固定支座，河流不通航，无漂浮物，无冰冻。一孔上部构造恒重为 2 135 kN，墩帽用 C30 钢筋混凝土 γ_1=25 kN/m³，墩身及基础采用 C25 混凝土，γ_2=24 kN/m³，回填土为 γ_3=18 kN/m³，桥面宽（7+2×1.5）m，构造尺寸及墩身坡度如图 1.3 所示。

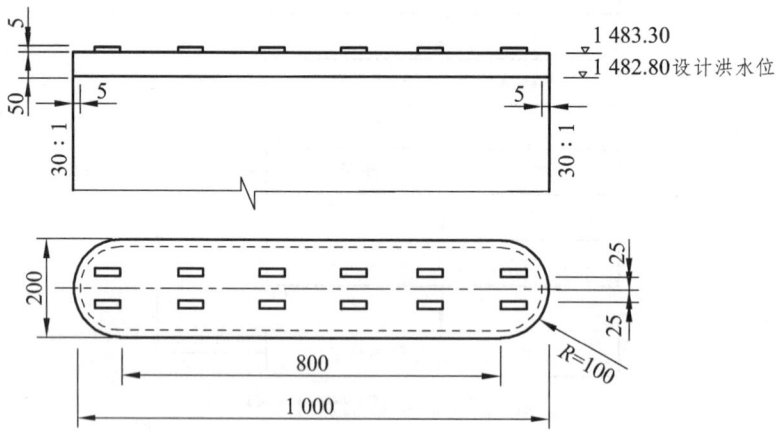

图 1.3 桥墩部分构造图（图中除高程以米计外其余均以厘米计）

（二）水文资料

洪水设计频率为 2%时：设计水位为 1 482.80 m；设计流速为 v=3.01 m/s。
测时水位（最低水位）：1 475.03 m；一般冲刷深度：k_p=1.2 m。

局部冲刷深度：$k_b=0.7$ m；最大冲刷深度：$k=k_p+k_b=1.2+0.7=1.9$ m。

4 号钻孔地质资料：4 号钻孔测时河床标高为 1 474.72 m。

（三）地质资料及土的物理力学性质指标（表 1.2）

表 1.2　4 号钻孔地层纵向分布

地层序号	标高/m 孔深/m	层厚/m	土层定名
1	1 474.72 3.33	3.33	亚黏土
2	1 471.39 6.34	3.01	砾石土
3	1 468.38 8.18	1.84	轻亚黏土
4	1 466.54 9.85	1.67	细粉砂
5	1 464.87 11.52	1.67	卵石土
6	1 463.20 18.38	6.86	砂　土
7	1 456.34 27.90	9.52	亚黏土
8	1 446.82		

（四）要　求

（1）设计验算项目。

① 地基强度的验算（包括软弱下卧层）。

② 基底合力偏心距验算。

③ 倾覆及滑动稳定性的验算。

（2）设计文件要求书写规范，字迹工整、清晰。

（3）设计计算完成之后，绘出实体的扩大基础的结构图（三面视图），含墩帽、墩身及基础，要求进行尺寸标注，必须要有工程数量表。

五、刚性扩大基础的设计指导

（一）设计步骤

（1）选择基础所放置的持力层，确定基础埋深。

（2）确定基础尺寸：① 基础高度；② 平面尺寸；③ 立面尺寸。

（3）荷载计算，并对基础所受到的荷载进行荷载组合。

（4）地基强度验算：① 基底应力计算。② 地基强度验算：

a. 持力层承载力验算；b. 下卧层承载力验算。

（5）基底偏心距验算。

（6）基础稳定性验算：① 倾覆稳定性验算；② 滑动稳定性验算。

（二）荷载作用及组合

1. 作用分类、代表值和作用组合

引起结构反应的原因可以按作用的性质分为截然不同的两类：一类是施加于结构上的外力，如车辆、人群、结构自重等，它们是直接施加于结构上的，用"荷载"这一术语来概括；另一类不是以外力形式施加于结构，它们产生的效应与结构本身的特性、结构所处环境等有关，如地震、基础变位、混凝土收缩和徐变、温度变化等，它们是间接作用于结构的，如果也称"荷载"，容易引起人们的误解。因此，目前国际上普遍将所有引起结构反应的原因统称为"作用"，而"荷载"仅限于表达施加于结构上的直接作用。

作用按随时间的变化分为永久作用、可变作用和偶然作用。这种分类是结构上作用的基本分类。永久作用是经常作用的且数值不随时间变化或变化微小的作用；可变作用的数值是随时间变化的；偶然作用的作用时间短暂，且发生的概率很小。如前所述，地震作用是一种特殊的偶然作用，因此，将地震作用单列为一种类型。

（1）公路桥涵设计采用的作用分类为永久作用、可变作用、偶然作用、地震作用四类，规定于表1.3。

表 1.3 荷载作用分类

编号	作用分类	作用名称
1	永久作用	结构重力（包括结构附加重力）
2		预加力
3		土的重力
4		土侧压力
5		混凝土收缩及徐变作用
6		水的浮力
7		基础变位作用
8	可变作用	汽车荷载
9		汽车冲击力
10		汽车离心力
11		汽车引起的土侧压力
12		汽车制动力
13		人群荷载
14		疲劳荷载
15		风荷载
16		流水压力
17		冰压力
18		波浪力
19		温度（均匀温度和梯度温度）作用
20		支座摩阻力
21	偶然作用	漂流物的撞击作用
22		船舶的撞击作用
23		汽车撞击作用
24	地震作用	地震作用

（2）公路桥涵设计时，对不同的作用应按下列规定采用不同的代表值。

① 永久作用的代表值为其标准值。永久作用标准值可根据统计、计算，并结合工程经验综合分析确定，对结构自重（包括结构附加重力），可按结构构件的设计尺寸与材料的重力密度计算确定。

② 可变作用的代表值包括标准值、组合值、频遇值和准永久值。组合值、频遇值和准永久值可通过可变作用的标准值分别乘以组合值系数 ψ_c、频遇值系数 ψ_f 和准永久值系数 ψ_q 来确定。

③ 偶然作用取其设计值作为代表值，可根据历史记载、现场观测和试验，并结合工程经验综合分析确定，也可根据有关标准的专门规定确定。

④ 地震作用的代表值为其标准值。地震作用的标准值应根据现行《公路工程抗震规范》(JTG B02)的规定确定。

（3）作用的设计值规定为作用的标准值乘以相应的作用分项系数。

（4）公路桥涵结构设计应考虑结构上可能同时出现的作用，按承载能力极限状态和正常使用极限状态进行作用效应组合，取其最不利效应组合进行设计。

① 只有在结构上可能同时出现的作用，才进行其效应的组合。当结构或结构构件需做不同受力方向的验算时，则应以不同方向的最不利的作用效应进行组合。

② 当可变作用的出现对结构或结构构件产生有利影响时，该作用不应参与组合。实际不可能同时出现的作用或同时参与组合概率很小的作用，按表 1.4 规定不考虑其作用效应的组合。

表 1.4 可变作用不同时组合

作用名称	不与该作用同时参与组合的作用
汽车制动力	流水压力、冰压力、波浪力、支座摩阻力
流水压力	汽车制动力、冰压力、波浪力
波浪力	汽车制动力、流水压力、冰压力
冰压力	汽车制动力、流水压力、波浪力
支座摩阻力	汽车制动力

③ 施工阶段作用效应的组合，应按计算需要及结构所处条件而定，结构上的施工人员和施工机具设备均应作为可变作用加以考虑。组合式桥梁，当把底梁作为施工支

撑时，作用效应宜分为两个阶段组合，底梁受荷为第一个阶段，组合梁受荷为第二个阶段。

④ 多个偶然作用不同时参与组合。

⑤ 地震作用不与偶然作用同时参与组合。

（5）公路桥涵结构的承载能力极限状态设计，按照可能出现的作用，将其分为三种作用组合，即基本组合、偶然组合和地震组合。作用的基本组合是指永久作用设计值与可变作用设计值的组合，这种组合用于结构的常规设计，是所有公路桥涵结构都应该考虑的。作用的偶然组合是指永久作用标准值、可变作用代表值和一种偶然作用设计值的组合，视具体情况，也可不考虑可变作用参与组合。作用偶然组合和地震组合用于结构在特殊情况下的设计，所以不是所有公路桥涵结构都采用，一些结构可采取构造或其他预防措施来解决。

① 基本组合。永久作用的设计值效应与可变作用设计值效应相结合，其效应组合表达式为：

$$S_{ud} = \gamma_0 S(\sum_{i=1}^{m} \gamma_{Gi} G_{ik}, \ \gamma_{Q1}\gamma_L Q_{1k}, \ \psi_c \sum_{j=2}^{n} \gamma_{Lj}\gamma_{Qj} Q_{jk})$$

或

$$S_{ud} = \gamma_0 S(\sum_{i=1}^{m} G_{id}, \ Q_{1d}, \sum_{j=2}^{n} Q_{jd})$$

式中 S_{ud}——承载力极限状态下作用基本组合的效应组合设计值。

$S(\ )$——作用组合的效应函数。

γ_0——结构重要性系数，按表1.5规定的结构设计安全等级采用。按持久状况和短暂状况承载能力极限状态设计时，公路桥涵结构设计安全等级应不低于表1.5的规定，对应于设计安全等级一级、二级和三级分别取1.1、1.0和0.9。

γ_{Gi}——第 i 个永久作用的分项系数，应按表1.6的规定采用。

G_{ik}, G_{id}——第 i 个永久作用的标准值和设计值。

γ_{Q1}——汽车荷载（含汽车冲击力、离心力）的分项系数。采用车道荷载计算时取 $\gamma_{Q1}=1.4$，采用车辆荷载计算时，取 $\gamma_{Q1}=1.8$；当某个可变作用在组合中其效应值超过汽车荷载效应时，则该作用取代汽车荷载，取 $\gamma_{Q1}=1.4$；对专为承受某作用而设置的结构或装置，设计时取 $\gamma_{Q1}=1.4$；计算人行道板和人行道栏杆的局部荷载，取 $\gamma_{Q1}=1.4$，如表1.6所示。

Q_{1k},Q_{1d}——汽车荷载（含汽车冲击力、离心力）的标准值和设计值。

γ_{Qj}——在作用组合中除汽车荷载（含汽车冲击力、离心力）、风荷载外的其他第 j 个可变作用的分项系数，取 $\gamma_{Qj}=1.4$，但风荷载的分项系数取 $\gamma_{Qj}=1.1$。

Q_{jk},Q_{jd}——在作用组合中除汽车荷载（含汽车冲击力、离心）外的其他第 j 个可变作用的标准值和设计值。

ψ_c——在作用组合中除汽车荷载（含汽车冲击力、离心力）外的其他可变作用的组合值系数，取 $\psi_c=0.75$。

$\psi_c Q_{jk}$——在作用组合中除汽车荷载（含汽车冲击力、离心力）外的第 j 个可变作用的组合值。

γ_{Lj}——第 j 个可变作用的结构设计使用年限荷载调整系数。公路桥涵结构的设计使用年限按现行《公路工程技术标准》(JTG B01)取值时，可变作用的设计使用年限荷载调整系数取 $\gamma_{Lj}=1.0$；否则 γ_{Lj} 取值应按专题研究确定。

表1.5　公路桥涵结构设计安全等级

设计安全等级	破坏后果	适用对象
一级	很严重	（1）各等级公路上的特大桥、大桥、中桥。 （2）高速公路、一级公路、二级公路、国防公路及城市附近交通繁忙公路上的小桥
二级	严重	（1）三、四级公路上的小桥。 （2）高速公路、一级公路、二级公路、国防公路及城市附近交通繁忙公路上的涵洞
三级	不严重	三、四级公路上的涵洞

注：本表所列特大桥、大桥、中桥等系按本规范表中的单孔跨径确定，对多跨不等跨桥梁，以其中最大跨径为准。

当作用与作用效应可按线性关系考虑时，作用基本组合的效应设计值 S_{ud}，可通过作用效应代数相加计算。设计弯桥时，当离心力与制动力同时参与组合时，制动力标准值或设计值按70%取用。

按持久状况承载能力极限状态设计时，公路桥涵结构的设计安全等级，应根据结构破坏可能产生的后果的严重程度划分为三个设计等级，并不低于表1.5的规定。

表 1.6 永久作用效应的分项系数

编号	作用类别		永久作用效应分项系数	
			对结构的承载能力不利时	对结构的承载力有利时
1	混凝土的圬工结构重力（包括结构附加重力）		1.2	1.0
	钢结构重力（包括结构附加重力）		1.1 或 1.2	
2	预加力		1.2	1.0
3	土的重力		1.2	1.0
4	混凝土的收缩及徐变作用		1.0	1.0
5	土侧压力		1.4	1.0
6	水的浮力		1.0	1.0
7	基础变位作用	混凝土的圬工结构	0.5	0.5
		钢结构	1.0	1.0

② 偶然组合。永久作用标准值与可变作用某种代表值、一种偶然作用设计值相组合；与偶然作用同时出现的可变作用，可根据观测资料和工程经验取用频遇值或准永久值。地震作用标准值及表达式按现行《公路工程抗震规范》(JTG B02)规定采用。

（6）公路桥涵结构按正常使用极限状态设计时，应根据不同的设计要求，采用作用的频遇组合或准永久组合。

（7）验算结构的抗倾覆、滑动稳定时，稳定系数、各作用的分项系数及摩擦系数，应根据不同结构按各有关桥涵设计规范的规定确定，支座的摩擦系数可按表 1.7 规定采用。

支座摩阻力标准值可按下式计算：

$$F = \mu W$$

式中 W——作用于活动支座上，由上部结构重力产生的效应；

μ——支座的摩擦系数，宜采用实测数据，无实测数据时可按表 1.7 取用。

表 1.7 支座摩擦系数

支座种类		支座摩擦系数 μ
滚动支座或摆动支座		0.05
板式橡胶支座	支座与混凝土面接触	0.30
	支座与钢板接触	0.20
	聚四氟乙烯与不锈钢板接触	0.06（加 5201 硅脂润滑后；温度低于 -25 ℃时为 0.078）
		0.12（不加 5201 硅脂润滑时；温度低于 -25 ℃时为 0.156）
盆式支座		加 5201 硅脂润滑后，常温型活动支座摩擦系数不大于 0.03（支座适用温度为 -25~+60 ℃）
		加 5201 硅脂润滑后，耐寒型活动支座摩擦系数不大于 0.06（支座适用温度为 -40~+60 ℃）
球型支座		加 5201 硅脂润滑后，活动支座摩擦系数不大于 0.03（支座适用温度为 -25~+60 ℃）
		加 5201 硅脂润滑后，活动支座摩擦系数不大于 0.05（支座适用温度为 -40~+60 ℃）

2. 可变作用

（1）公路桥涵设计时，汽车荷载的计算图式、荷载等级及其标准值、加载方法和纵横向折减等应符合下列规定。

① 汽车荷载分为公路—Ⅰ级和公路—Ⅱ级两个等级。

② 汽车荷载由车道荷载和车辆荷载组成。车道荷载由均布荷载和集中荷载组成。桥梁结构的整体计算采用车道荷载；桥梁结构的局部加载、涵洞、桥台和挡土墙土压力等的计算采用车辆荷载。车辆荷载与车道荷载的作用不得叠加。

③ 各级公路桥涵设计的汽车荷载等级应符合表 1.8 规定。

表 1.8 各级公路桥涵的汽车荷载等级

公路等级	高速公路	一级公路	二级公路	三级公路	四级公路
汽车荷载等级	公路—Ⅰ级	公路—Ⅰ级	公路—Ⅰ级	公路—Ⅱ级	公路—Ⅱ级

二级公路作为集散公路且交通量小、重型车辆少时,其桥涵的设计可采用公路—Ⅱ级汽车荷载。对交通组成中重载交通比重较大的公路桥涵,宜采用与该公路交通组成相适应的汽车荷载模式进行结构整体和局部验算。

④ 车道荷载的计算图式如图 1.4 所示。

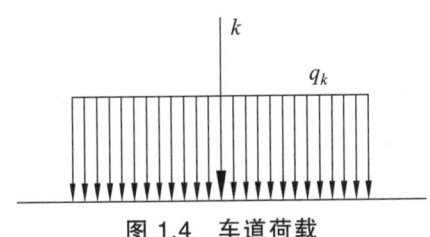

图 1.4 车道荷载

公路—Ⅰ级车道荷载的均布荷载标准值为 q_k=10.5 kN/m。

集中荷载标准值按以下规定选取:桥梁计算跨径小于或等于 5 m 时,P_k=270 kN;桥梁计算跨径等于或大于 50 m 时,P_k=360 kN;桥涵计算跨径在 5~50 m 时,见表 1.9。计算剪力效应时,上述集中荷载标准值 P_k 应乘以 1.2 的系数。

表 1.9 集中载 P_k 取值

计算跨径 L_0/m	$L_0 \leq 5$	$5 < L_0 < 50$	$L_0 \geq 50$
P_k/kN	270	2(L_0+130)	360

注:设支座的计算跨径 L_0 为相邻两支座中心间的水平距离,不设支座的 L_0 上下部结构相交面中心间的水平距离。

公路—Ⅱ级车道荷载的均布荷载标准值 q_k 和集中荷载标准值 P_k 按公路—Ⅰ级车道荷载的 0.75 倍采用。车道荷载的均布荷载标准值应满布于使结构产生最不利效应的同号影响线上;集中荷载标准值只作用于相应影响线中一个影响线峰值处。

⑤ 车道荷载横向分布系数应按设计车道数布置车辆荷载进行计算,桥涵设计车道数应符合表 1.10 的规定。

表 1.10 桥涵设计车道数

桥面宽度 W/m		桥涵设计车道数
车辆单向行驶时	车辆双向行驶时	
$W < 7.0$		1
$7.0 \leq W < 10.5$	$6.0 \leq W < 14.0$	2

续表 1.10

桥面宽度 W/m		桥涵设计车道数
车辆单向行驶时	车辆双向行驶时	
$10.5 \leqslant W < 14.0$		3
$14.0 \leqslant W < 17.5$	$14.0 \leqslant W < 21.0$	4
$17.5 \leqslant W < 21.0$		5
$21.0 \leqslant W < 24.5$	$21.0 \leqslant W < 28.0$	6
$24.5 \leqslant W < 28.0$		7
$28.0 \leqslant W < 31.5$	$28.0 \leqslant W < 35.0$	8

⑥ 横桥向布置多车道汽车荷载时,应考虑汽车荷载的折减;布置一条车道汽车荷载时,应考虑汽车荷载的提高。横向折减系数应符合表 1.11 的规定。多车道布载的荷载效应不得小于两条车道布载的荷载效应。

表 1.11 横向折减系数

横向布置设计车道数/条	1	2	3	4	5	6	7	8
横向折减系数	1.2	1.00	0.78	0.67	0.60	0.55	0.52	0.50

(2)人群荷载标准值应按下列规定采用:

人群荷载标准值应根据表 1.12 采用,对跨径不等的连续结构,以最大计算跨径为准。

表 1.12 人群荷载标准值

计算跨径 L_0/m	$L_0 \leqslant 50$	$50 < L_0 < 150$	$L_0 \geqslant 150$
人群荷载/(kN/m²)	3.0	$3.25 - 0.005 L_0$	2.5

当桥梁计算跨径小于或等于 50 m 时,人群荷载标准值为 3.0 kN/m²;当桥梁计算跨径等于或大于 150 m 时,人群荷载标准值 2.5 kN/m²;当桥梁计算跨径在 50 ~ 150 m 时,可由表 1.12 中公式计算得出。对跨径不等的连续结构,以最大计算跨径为准。

① 非机动车、行人密集的公路桥梁,人群荷载标准取值上述标准值的 1.15 倍。专用人行桥梁,人群荷载标准值为 3.5 kN/m²。

② 人群荷载在横向应布置在人行道的净宽度内,在纵向施加于使结构产生最不利荷载效应的区段内。

③ 人行道板（局部构件）可以一块板为单元，按标准值 4.0 kN/m² 的均布荷载计算。

④ 计算人行道栏杆时，作用在栏杆立柱顶上的水平推力标准值取 0.75 kN/m；作用在栏杆扶手上的竖向力标准值取 1.0 kN/m。

（3）汽车荷载制动力可按下列规定计算和分配：

① 汽车荷载制动力按同向行驶的汽车荷载（不计冲击力）计算，以使得桥梁墩台产生最不利纵向力的加载长度进行纵向折减。一个设计车道上由汽车荷载产生的制动力标准值按规定的车道荷载标准值在加载长度上计算的总重力的 10% 计算，但公路—Ⅰ级汽车荷载的制动力标准值不得小于 165 kN；公路—Ⅱ级汽车荷载的制动力标准值不得小于 90 kN。同向行驶双车道的汽车荷载制动力的标准值为一个设计车道制动力标准值的两倍；同向行驶三车道为一个设计车道的 2.34 倍；同向行驶四车道为一个设计车道的 2.68 倍，刚性墩台各种支座传递的制动力如表 1.13 所示。

② 制动力的着力点在桥面以上 1.2 m 处，计算墩台时，移至支座铰中心或支座底座面上。计算刚构桥、拱桥时，制动力着力点可移至桥面上，不计因此而产生的竖向力和力矩。

③ 设有板式橡胶支座的简支梁、连续桥面简支梁或连续梁排架式柔性墩台，应根据支座与墩台的抗推刚度的刚度集成情况分配和传递制动力。设有板式橡胶支座的简支梁刚性墩台，按单跨两端的板式橡胶支座的抗推刚度分配制动力。

④ 设有固定支座、活动支座（滚动或摆动支座、聚四氟乙烯板支座）的刚性墩台传递的制动力，按表 1.13 的规定采用。每个活动支座传递的制动力，其值不应大于其摩阻力，当大于摩阻力时，按摩阻力计算。

表 1.13 刚性墩台各种支座传递的制动力

桥梁墩台及支座类型		应计的制动力	符号说明
简支梁桥台	固定支座	T_1	T_1—加载长度为计算跨径时的制动力 T_2—加载长度为相邻两跨计算跨径之和时的制动力 T_3—加载长度为一联长度的制动力
简支梁桥台	聚四氟乙烯板支座	$0.30T_1$	
简支梁桥台	滚动（或摆动）支座	$0.25T_1$	
简支梁桥墩	两个固定支座	T_2	
简支梁桥墩	一个固定支座，一个活动支座	注	
简支梁桥墩	两个聚四氟乙烯板支座	$0.30T_2$	
简支梁桥墩	两个滚动（或摆动）支座	$0.25T_2$	

续表 1.13

桥梁墩台及支座类型		应计的制动力	符号说明
连续桥梁墩	固定支座	T_3	
	聚四氟乙烯板支座	$0.30T_3$	
	滚动（或摆动）支座	$0.25T_3$	

注：固定支座按 T_4 计算，活动支座按 $0.30T_5$（聚四氟乙烯支座）计算或 $0.25T_5$（滚动或摆动支座）计算，T_4 和 T_5 分别为固定支座或活动支座相应的单跨跨径的制动力，桥墩承受的制动力为上述固定支座与活动支座传递的制动力之和。

设计方案 1 刚性扩大基础课程设计

一、基础及桥的构造、尺寸等的拟定

（1）选择基础所在的持力层，确定基础的埋深 h（可画图计算）。

（2）襟边 t_i、台阶宽度 c_i、基础高度 H 的拟定，α 角的验算。

（3）墩身高度的计算（可画图计算）。

（4）平面尺寸的确定（a，b）（可画图计算）。

（5）绘制刚性扩大基础三面视图（可以手绘或打印张贴）。

要求：① 图纸大小：A3。

② 比例适中，标注尺寸且对应，有图框和绘图人等信息。

③ 图中包括：三视图、工程数量表、说明（比例大小、尺寸单位、采用的材料等）。

二、荷载的计算

1. 永久作用（主要考虑结构重力和土的重力）

永久作用荷载计算结果列于表 1.14。

表 1.14　永久作用荷载计算

荷载	计　算	结果	备注
上部构造恒载 G_1			
墩帽 G_2			
墩身 G_3			墩身体积按照棱台的公式计算
基础自重 G_4			
土的自重 G_5			
求和			

2. 可变作用（主要考虑汽车荷载、人群荷载、汽车制动力、支座摩阻力）

（1）汽车荷载反力的计算。

（2）人群荷载反力的计算。

（3）汽车荷载制动力的计算。

（4）支座摩阻力的计算。

三、荷载的组合（表 1.15）

表 1.15　桥墩作用效应标准值汇总

工作状况		当桥墩左侧有活载时			当桥墩右侧有活载时		
作用类别		水平力	竖向力	力矩	水平力	竖向力	力矩
永久作用	结构重力						
	土的重力						
可变作用	汽车荷载						
	人群荷载						
	汽车制动力						
	支座摩阻力						
求和							

工作状况		当桥墩左、右侧有均有活载时			施工期间无上部构造物时		
作用类别		水平力	竖向力	力矩	水平力	竖向力	力矩
永久作用	结构重力						
	土的重力						
可变作用	汽车荷载						
	人群荷载						
	汽车制动力						
	支座摩阻力						
求和							

四、地基强度验算

（1）基底压应力计算。

（2）地基强度验算（主要验算持力层承载力，因无软弱下卧层，不需验算软弱下卧层）。

（3）验算结论（合格/不合格）。

五、基底偏心距验算

(1)永久作用效应偏心距。

(2)永久作用效应与可变作用效应相组合的偏心距。

六、基础稳定性验算

（1）倾覆稳定性验算。

（2）滑动稳定性验算。

七、沉降验算（略）

模块 2　桩基础

※ 能力训练项目 3　水中围堰结构识图训练
※ 能力训练项目 4　灌注桩首灌量的计算和导管的配设
※ 能力训练项目 5　钢筋骨架识图和钢筋用量、混凝土用量计算
※ 能力训练项目 6　灌注桩常见问题分析
※ 能力训练项目 7　单桩轴向容许承载力的计算
※ 课程实践任务 1　灌注桩与预制桩的对比
※ 设计项目 2　桩基础课程设计
※ 设计方案 2　桩基础课程设计

能力训练项目 3　水中围堰结构识图训练

一、知识点纲要

1. 围　堰

围堰是一种临时挡水结构，在水中修筑桥梁基础时，开挖基坑前需在基坑周围先修筑一道防水围堰，把围堰内水排干后，再开挖基坑修筑基础。如排水较困难，也可在围堰内进行水下挖土，挖至预定标高后先灌注水下封底混凝土，然后再抽干水继续修筑基础。在围堰内不但可以修筑浅基础，还可以修筑桩基础等。围堰的种类主要有土围堰、草（麻）袋围堰、钢板桩围堰、双壁钢围堰和地下连续墙围堰等。

2. 围堰的要求

（1）围堰顶面标高应高出施工期间中可能出现的最高水位 0.5 m 以上，有风浪时应适当加高。

（2）修筑围堰将压缩河道断面，使流速增大引起冲刷，或堵塞河道影响通航，因此要求河道断面压缩一般不超过流水断面积的 30%。对两边河岸河堤或下游建筑物有可能造成危害时，必须征得有关单位同意并采取有效防护措施。

（3）围堰内尺寸应满足基础施工要求，留有适当工作面积，由基坑边缘至堰脚距离一般不少于 1 m。

（4）围堰结构应能承受施工期间产生的土压力、水压力以及其他可能发生的荷载，满足强度和稳定要求。围堰应具有良好的防渗性能。

3. 围堰类型汇总（表 2.1）

表 2.1　围堰类型汇总

围堰类型	适 用 条 件
土袋围堰	水深 ≤ 3.0 m，流速 ≤ 1.5 m/s，河床渗水性较小或淤泥较浅
堆石土围堰	河床渗水性很小，流速 ≤ 3.0 m/s，石块能就地取材

续表 2.1

围堰类型	适 用 条 件
钢板桩围堰	深水或深基坑,流速较大的砂类土、黏性土、碎石土及风化岩等坚硬河床。其防水性能好,整体刚度较强
钢套箱围堰	多适用于低桩承台,位于河流浅滩、河水不太深且流速小的部位处的桥墩承台。用于承台下面覆盖层很薄或浅岩层或不透水土层等
钢吊箱围堰	适用于高桩承台,在河床比较深、承台底标高在水面以下且距河床较高的情况下,特别是水流很急且河床不适于钢套箱下沉的地质情况下,围堰需设置底板。承台底部为沙层或是松散的覆盖层
双壁围堰	大型河流的深水基础,覆盖层较薄、平坦的岩石河床

二、训练目的

(1)在学生学习了基础的理论知识之后,强化其对于深基础围堰种类知识点的掌握,了解不同围堰结构的适用条件。

(2)培养学生识图和读图的能力,思考采用的是什么围堰方法以及为什么要用这种方法,进一步描述图中所进行的施工工艺。

(3)培养学生一定的逻辑思维能力,会根据相关资料,并结合水的深度、地质条件、经济性等多方面的因素选择围堰的类型。

三、训练项目

要求:请学生们结合表2.2中围堰的类型,分析图中的围堰结构形式及施工内容。

表 2.2 水中围堰结构辨识

图 片	写出图中用了哪些围护(围堰)结构形式	描述正在进行的施工工艺

续表 2.2

图　片	写出图中用了哪些围护（围堰）结构形式	描述正在进行的施工工艺

能力训练项目 4　灌注桩首灌量的计算和导管的配设

一、知识点纲要

1. 灌注桩首灌量

首灌量（初灌量）指初次灌注混凝土满足施工要求和施工质量时，所需要的最小的混凝土的用量,单位是立方米。

2. 首灌量计算的重要性

如果首灌量计算不准确,则容易出现一些质量问题,影响桩基的承载能力,严重时会造成一些安全事故,不但耗费财力而且耽误工期。为了更好地适应岗位工作,学生必须要学会首灌量的计算。

3. 计算思路

钻孔灌注桩的初灌量计算很复杂,根据导管直径、桩底部地层属性、孔径、泥浆比重、埋管深度、隔浆工具等进行计算,总之就是要求能顺利把隔水栓压出,放满一斗混凝土后,铁板拔起,混凝土连续灌注至埋管 1 m 以上就可以。

4. 导管的配置

水下混凝土一般用钢导管,导管内径 200～350 mm,视桩径大小而定。导管壁厚 3～4 mm,长度 1～4 m。导管两端用法兰盘及螺栓连接,并垫橡皮圈以保证接头不漏水,导管内壁应光滑,内径大小一致,连接牢固,在压力下不漏水。可在漏斗与导管接头处设置活门作为隔水装置,也可以用木球代替。

二、训练目的

(1)要求学生能独立计算灌注桩首灌量。

(2)在计算的过程中,明白各项指标的含义。

(3)通过计算,会思考和判断怎样才符合要求,如何控制工艺的衔接。

(4)会正确计算导管的总长度,合理配设每节长度。

三、训练项目

某工程灌注水下混凝土如图 2.1 所示,桩径 D 为 1.5 m,桩长 12 m,导管内径为 d,水下混凝土灌注导管选用壁厚 δ=7mm,$\phi_{外}$=300 mm 的无缝钢管、快速螺纹连接接头的结构。按规定,首盘混凝土的用量应满足导管首次埋置深度(≥1.0 m)和填充导管底部的需要,设导管下口离孔底 30 cm,则参照规范公式计算混凝土的首灌量。

$$V = h_1 \cdot \frac{\pi d^2}{4} + H_c \cdot \frac{\pi D^2}{4}$$

式中　V——混凝土的首灌量（m^3）。

　　　D——井孔直径（m）。

　　　d——导管内径（m）。

　　　H_c——灌注首批混凝土时所需井孔内混凝土面至孔底的高度（m）：

$$H_c = h_2 + h_3$$

　　　h_1——井孔混凝土面高度达到 H_c 时导管内混凝土柱需要的高度（m）：

$$h_1 \geq \gamma_w h_w / \gamma_c$$

其中　h_2——导管埋入混凝土深度，$h_2 \geq 1.0$（m）。

　　　h_3——导管底端至钻孔底间隙，一般为 0.3~0.4 m；统一设定为 0.3 m 计算。

　　　γ_c——混凝土容重（kN/m^3），取 24 kN/m^3。

　　　γ_w——孔内泥浆的容重（kN/m^3），取 11 kN/m^3。

　　　H_w——孔内泥浆的深度（m），取 11 m。

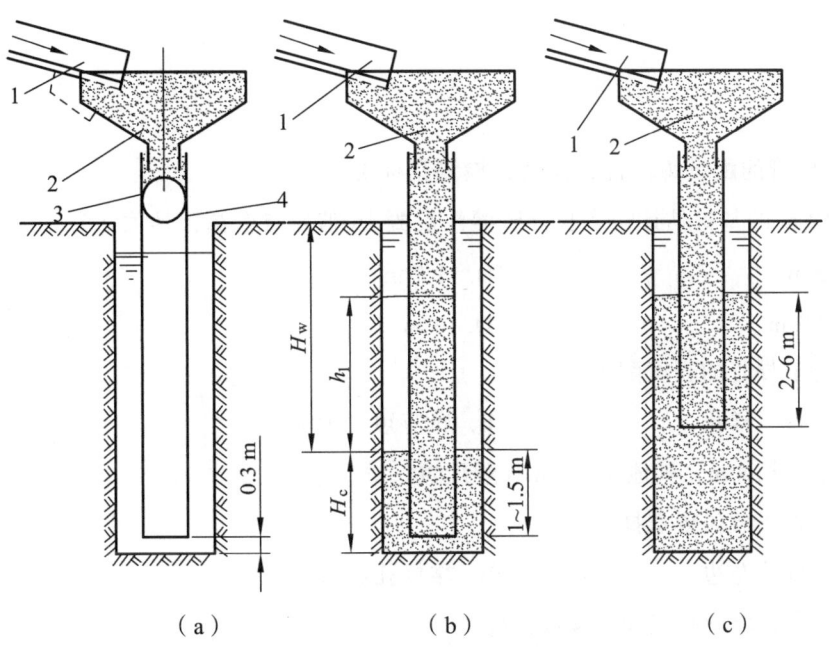

图 2.1　灌注水下混凝土
1—储料槽；2—漏斗；3—隔水栓；4—导管

（1）计算首批混凝土所需数量。

① 相关参数计算：

② 整根桩混凝土体积计算（不考虑损耗和扩孔系数）：

$V=$

（2）导管的配设（位置、长度、检测指标）。

① 12 m 的基桩估计需多长导管灌注混凝土（假定导管高出地面 1.3 m）？（　　　）。

A. 12 m　　　　　　　　　B. 11.7 m

C. 12.7 m　　　　　　　　D. 13 m

② 每节导管的长度配置是（　　　）。

A. 每节一样长　　　　　　B. 底节短，中间等长

C. 底节长 4 m，其他 1~2 m 合理配置

③ 导管下放位置选择（　　　）。

A. 靠桩孔左边　　　　　　B. 靠桩孔右边

C. 居中，接近孔底 30~40 cm 处

④ 导管拼装后需要使用什么检测方法？（　　　）。

A. 不需要检测　　　　　　B. 水承压试验、接头抗拉试验

C. 压气试验

（3）本工程初灌采用 2 m³ 的初灌料漏斗，满足要求吗？如果不满足初灌量要求怎么办？请写出两条以上建议。

结论：

（1）

（2）

能力训练项目 5 钢筋骨架识图和钢筋用量、混凝土用量计算

一、知识点纲要

1. 钢筋笼

钢筋组合在一起，形成一个完整的网架，形象的称为"钢筋笼""钢筋网""钢筋骨架"等。一个完整的钢筋网架有利于约束混凝土，提高混凝土构件的整体性。

2. 钢筋笼组成

桩基础中钢筋骨架主要由主筋、箍筋、加强筋、定位钢筋等组成。

主筋：钢筋骨架中纵向架设，直径略大，主要起支撑和承重作用，多用螺纹钢筋。

箍筋：在圆柱形构件（如图形柱、管柱、灌注桩等）中，沿主筋圆周表面缠绕的钢筋。

定位钢筋：就是让钢筋固定在一个位置，使其在浇筑混凝土的时候不会走位，保护钢筋的保护层不会变小。

加强筋：作为纵筋安装的骨架，作用是防止钢筋笼在施工过程中变形。在钢筋接头或者结构变化处起到加强结构安全性的作用。

3. 钢筋用量计算

某钢筋笼钢筋用量=主筋用量+箍筋用量+加强筋用量+定位钢筋用量

钢筋每立方米质量 7 850 kg（7.85 g/cm³），需换算成单位质量（kg/m）。

二、训练目的

（1）能看懂图纸，准确地识别钢筋骨架中各种钢筋的种类。

（2）能根据图纸中参数，正确计算出各种型号钢筋的具体用量。

（3）能根据图中参数正确计算出混凝土具体用量。

（4）课前分组布置任务，每组完成材料的用量计算，课上相互讨论，老师点评总结，提高大家的动手能力。

三、训练项目

工程背景：某中桥全长为 64.86 m，该桥上部构造为 3 m×20 m 预应力混凝土空心板，结构连续；下部构造为双柱式桥墩配桩基础，肋板式桥台配桩基础。其设计图纸如图 2.2、图 2.3 所示。

问题：假定你是某项目部施工员，请结合该桥桥型布置图和桥墩桩基钢筋构造图申报钢筋的材料用量和混凝土的体积（假定桩基础的扩孔参数不考虑，损耗也不考虑）。试算一根 12 m 长，直径为 1.5 m，混凝土为 C30 的桩相关材料的用量，并完成下面的钢筋明细表（表 2.3）和工程材料数量表（表 2.4）。

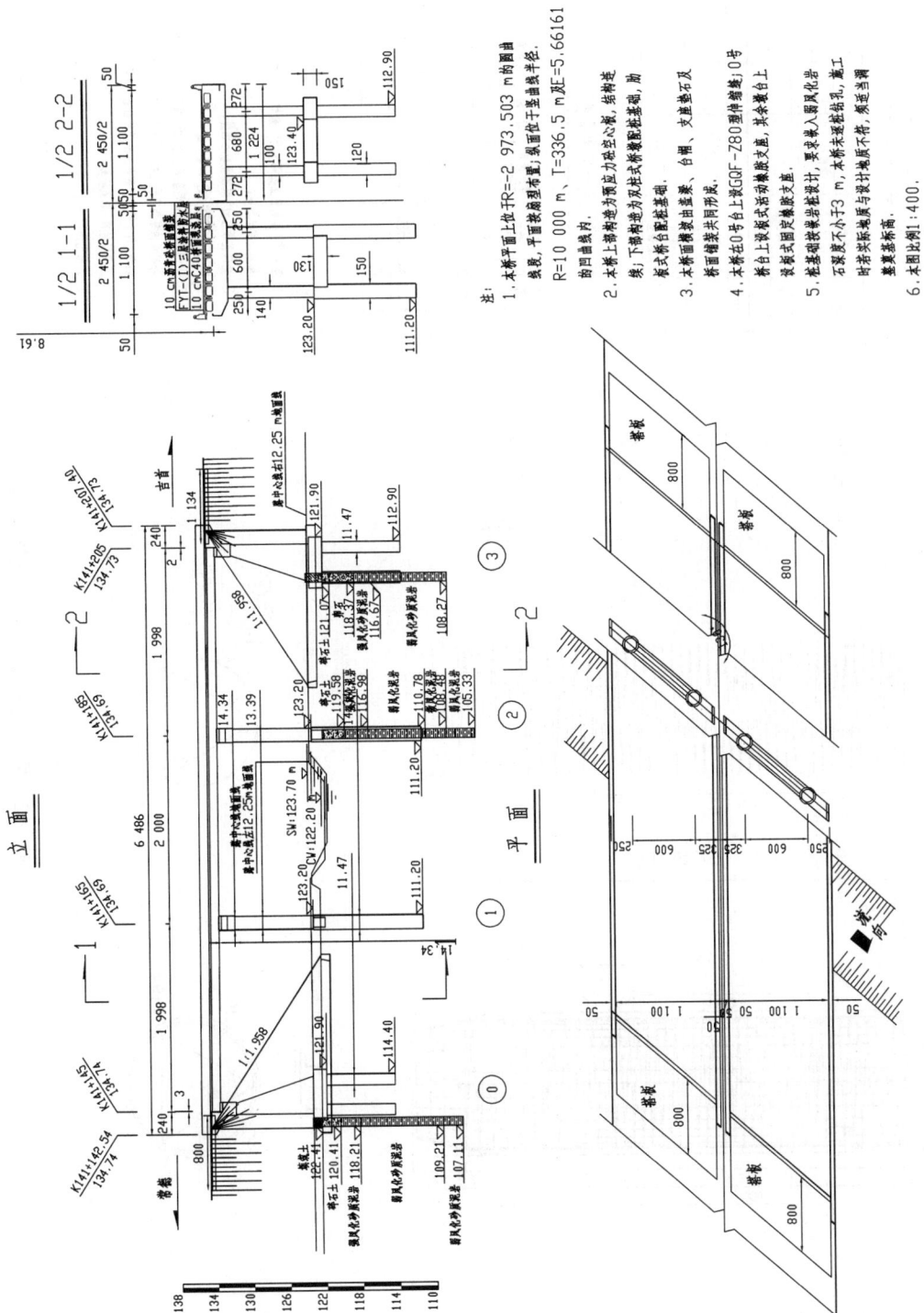

图 2.2 某中桥桥型布置图

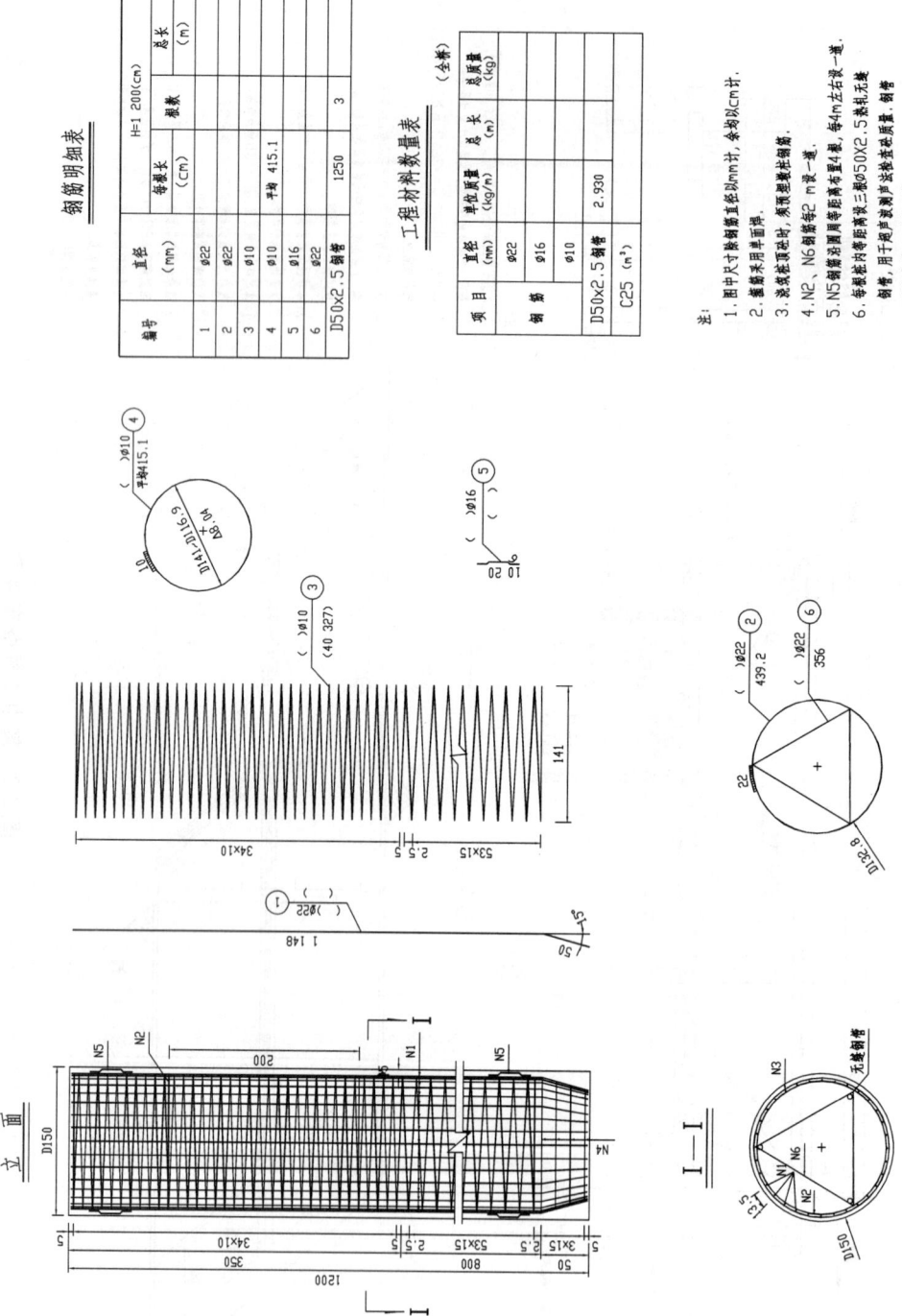

图 2.3 桥墩基桩（12 m）钢筋构造图

表 2.3 钢 筋 明 细

钢筋编号	直径/mm	桩长 H=1 200 cm			单位质量 /(kg/m)	总质量 /kg
		每根长/cm	根数	总长/m		
1（　　）钢筋	ϕ22					
2（　　）钢筋	ϕ22					
3（　　）钢筋	ϕ10					
4（　　）钢筋	ϕ10	平均 415.1				
5（　　）钢筋	ϕ16					
6（　　）钢筋	ϕ22					
$D50\times2.5$ 钢管(声测管)		1 250	3		2.93	

表 2.4 工程材料数量（12 m 桩）

项　目	直径/mm	单位质量（kg/m）	总长/m	总质量/kg
钢　筋	ϕ22			
	ϕ16			
	ϕ10			
$D50\times2.5$ 钢管		2.93		
12 m 长的桩混凝土（C30）用量/m³				

能力训练项目 6　灌注桩常见问题分析

一、知识点纲要

随着工程建设的不断发展，钻孔灌注桩广泛应用于工程实践中，并取得了良好的效果。相对于其他形式的桩基础，钻孔桩具有基础承载力大、埋置深等特点，但由于钻孔桩埋置很深，最深可达100多米，加上桥位水文、地质的复杂性，外界的因素，材料，机械及施工中很多不确定的因素，钻孔桩施工中经常会出现孔壁坍塌、桩身缩颈、桩身混凝土夹泥或断桩、混凝土导管漏水、混凝土导管堵塞、桩头浮浆、钢筋笼上浮或下沉等各种问题。

钻孔灌注桩施工中常见问题的处理原则：钻孔灌注桩是桥梁结构中常见的基础，桩基础质量的好坏直接影响到整座桥的安全。因此，钻孔桩施工中出现坍孔等问题后，不管采取哪种处理方法，都必须在满足设计使用要求的前提下，根据施工现场的实际情况（如设备、汛潮或潮汐地区等），采用可靠、稳妥的处理方法。

二、训练目的

（1）通过分小组讨论和老师总结的方式，让学生熟知灌注桩常见问题的危害及产生的原因。

（2）能描述灌注桩常见问题的处置措施。

（3）培养学生分析和解决实际工程问题的能力。

三、训练项目（表2.5）

表2.5 灌注桩常见问题汇总

常见问题	危害	原因分析	处置措施
孔壁坍塌			
桩身缩颈			

续表 2.5

常见问题	危害	原因分析	处置措施
断桩			
混凝土导管漏水			
混凝土导管堵塞			
桩头浮浆			
钢筋笼上浮或下沉			

能力训练项目7　单桩轴向容许承载力的计算

一、知识点纲要

1. 单桩轴向容许承载力

单桩轴向容许承载力是指在工作状态下桩所允许承受的最大荷载，即单桩轴向承载力的特征值(称单桩竖向承载力)。

2. 单桩轴向容许承载力确定方法

（1）经验公式。它是一种简化计算方法。规范根据全国各地大量的静载试验资料，经过理论分析和统计整理，根据土的类别、密实度、稠度、埋置深度等条件，给出不同类型的桩，有关桩侧摩阻力及桩底阻力的经验系数、数据及相应公式。

（2）静载试验法。在桩顶逐级施加轴向荷载，直至桩达到破坏状态为止，并在试验过程中测量每级荷载下不同时间的桩顶沉降，根据沉降与荷载及时间的关系，分析确定单桩轴向容许承载力。静载试验是评价单桩承载力最为直观和可靠的方法，其除了考虑到地基土的支承能力外，也计入了桩身材料强度对于承载力的影响。

（3）材料强度法。通常，桩的竖向承载力由土对桩的支承能力控制。但当桩穿过极软弱土层，支承（或嵌固）于岩层或坚硬的土层上时，单桩竖向承载力往往由桩身材料强度控制。此时，基桩像一根全部或者部分埋入土中的受压杆件，在竖向荷载作用下，将发生纵向挠曲破坏而丧失稳定性，而且这种破坏往往发生于截面承压强度破坏以前，因此验算时尚需考虑纵向挠曲影响。

根据设计规范，对于钢筋混凝土桩，基桩的竖向承载力可归结为桩身轴向强度验算，根据受压状态的不同，套用设计规范中的公式计算桩的竖向承载力。

二、训练目的

（1）训练学生通过经验公式法计算单桩轴向容许承载力。

（2）思考经验公式法和其他几种方法的区别。

三、训练项目

某桥墩基础采用钻孔灌注桩,设计直径 1.0 m,桩长 20 m,桩穿过土层情况如图 2.4 所示,按土的阻力求单桩轴向受压容许承载力。

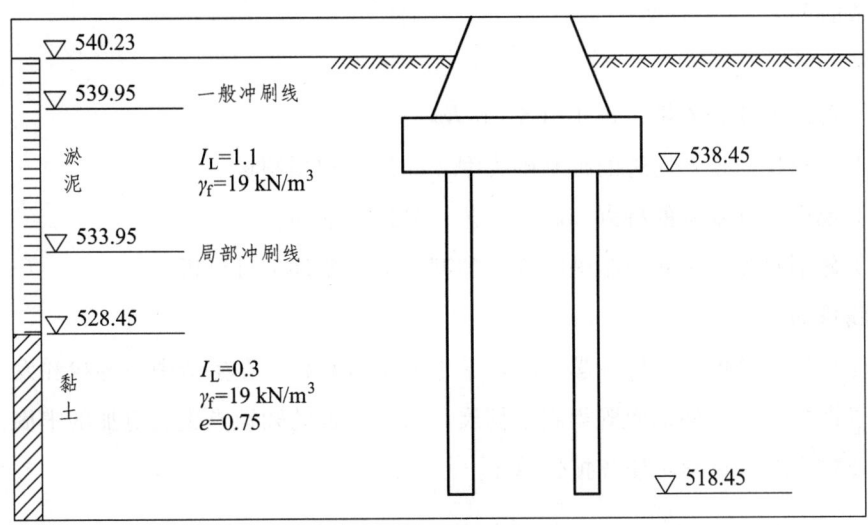

图 2.4　某桥墩基础

分析思路:

计算流程:

课程实践任务 1　灌注桩与预制桩的对比

实践任务：五人一组，以小组为单位，相互配合完成课外实践任务。

完成时间：　　　年　　　月　　　日。

任务步骤：

（1）每班大致分 6 组，每小组 5~6 人。

（2）寻找校内校外周边的桩基础类型（灌注桩和预制桩）。

（3）观察各种基础的特点和施工工艺，并进行描述。

（4）分别对灌注桩和预制桩特点、类型、适用条件进行分析。

实践目的：

以任务驱动的模式安排教学，激发学生的学习兴趣，在生活中去寻找和发现，然后反馈于课堂，这样知识面既得到了拓展，对于掌握的知识点也会更加的牢固。

实践报告单：见学习任务报告单 1。

学习任务报告单 1

班级：_____ 组号：_____

组员姓名	
构件	预制桩□　　灌注桩□
现场照片	1.施工现场照片；2.对于施工中所问题推出的相关照片；3.拍摄组照片递交要求：准备四张照片传至大学城空间或者发送至老师的QQ邮箱
小组分工	预制桩：施工_____；拍照：_____。 灌注桩：施工_____；拍照：_____

分析	类　　型	灌注桩	预制桩
	结构类型、特点		
	基础参数描述		
	适用条件		
	施工工艺流程		
	接桩分析		
	施工中疑问提出（简易描述）	.	

学习效果自评	团队合作□　工作效率□　交流沟通能力□　获取信息能力□ 写作能力□　表达能力□（根据小组完成任务情况勾选 A：优秀；B：良好；C：合格；D：有待改进）

设计项目 2 桩基础课程设计

一、知识点纲要

1. 桩基础设计内容

设计桩基础时,首先应该搜集必要的资料,包括上部结构形式与使用要求、荷载的性质与大小、地质和水文资料、材料供应和施工条件等。据此拟定设计方案(包括选择桩基类型、桩长、桩径、桩数、桩的布置、承台位置与尺寸等)。然后进行基桩和承台以及桩基础整体的强度、稳定、变形验算,经过计算、比较、修改,以保证承台、基桩和地基在强度、变形及稳定性方面满足安全和使用上的要求,并同时考虑技术和经济上的可能性与合理性。最后确定较理想的设计方案。

2. 桩基础设计流程(图 2.5)

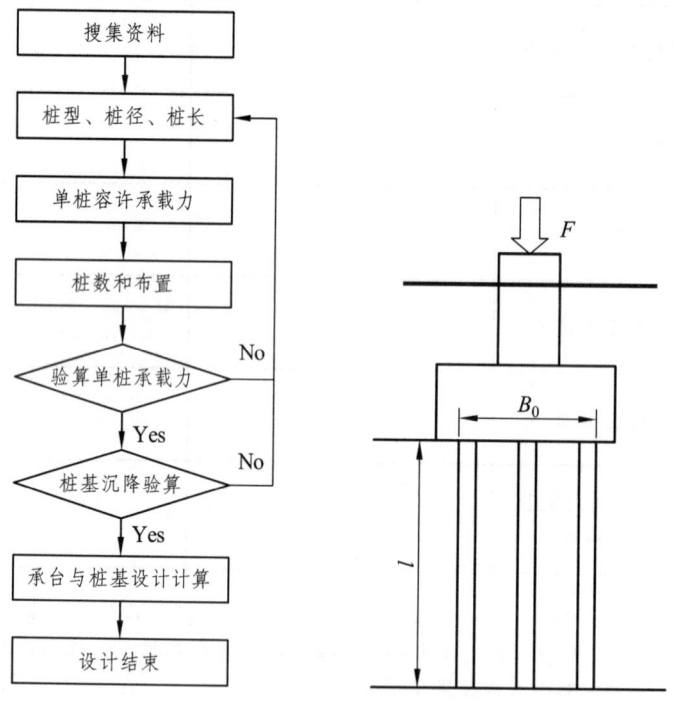

图 2.5 桩基础设计流程

在熟悉桩基础设计流程、设计内容之后,考虑到整个设计的流程比较庞大,选择其中一小部分进行训练。我们以双排桩为研究对象,要求验算单桩轴向承载力和计算桩的内力。

二、训练目的

（1）通过设计，掌握桩基础的设计流程和设计内容。
（2）会正确计算单桩的承载力和判断单桩的承载力是否符合要求。
（3）会正确计算单桩的内力和判断单桩的内力是否符合要求。

三、训练项目

如图 2.6 所示，某双柱式桥墩，上部构造标准跨径为 20 m，计算跨径 19.50 m 的 T 形简支梁，弧形滑动支座，桥面宽为净（7+2×1.5）m 的双车道，设计荷载为汽—20，挂车—100，河流不通航，无漂浮物，无冰冻。基桩拟采用直径为 1.50 m 的 25 号钢筋混凝土钻孔灌注桩，其受压弹性模量 $E_k=2.85×10^7$ kPa，旋转钻施工，桩底沉淀土厚度 $t=0.45$ m，桩的容重 $\gamma=25$ kN/m³，$m=120\,000$ kN/m⁴，地质资料如图 2.6 所示，土工试验成果汇总见表 2.6。

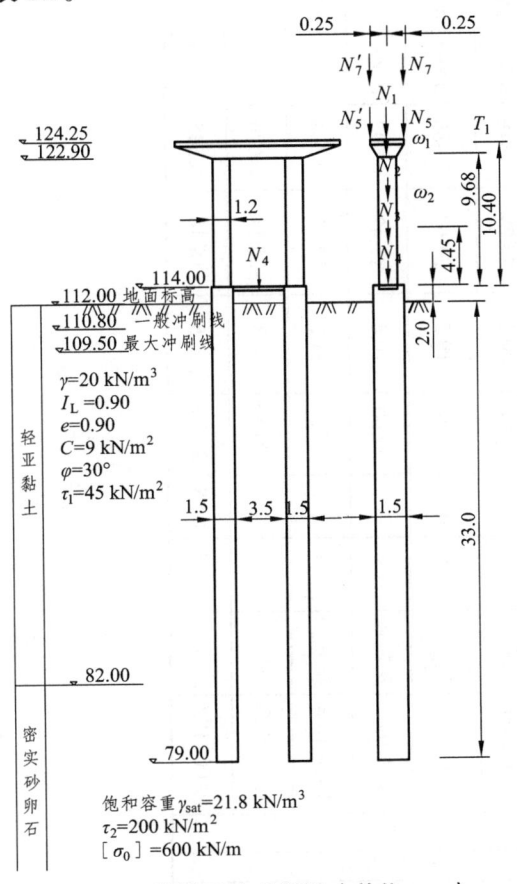

图 2.6 单排双柱式桥墩（单位：m）

表 2.6 土工试验成果汇总

取样地点	取样方法	试样编号	取样深度/m	试样定名	塑性指数 I_P	液性指数 I_L	密度/(t/m³)	天然容重/(kN/m³)	天然含水量 w(%)	天然孔隙比 e	相对密度 D	天然孔隙率 n	压缩系数 a_{1-2}/(m²/MN)	变形模量/MPa	内聚力 C/kPa	内摩擦角 φ	内摩擦系数 f	容许承载力 $[\sigma_0]$/kPa
4号钻孔	原状取土器	1	2.8~3.30	亚黏土	6.51	0.85	2.690	20.2	20.40	0.598	0.768	37.40	0.25	5.5	5.0	36.7	0.503	220
		2	4.5~5.00	砾石土			2.700	20.1	24.29	0.648	0.582	39.37				40.25	0.846	380
		3	6.5~7.50	轻亚黏土	5.40	0.85	2.650	19.5	24.60	0.686	0.892	40.75	0.26	6.0	5.0	27.0	0.51	370
		4	8.5~9.0	细粉砂			2.660	20.4	22.42	0.597	0.009	37.35		8.0		37.7	0.773	360
		5	10.3~10.8	卵石土			2.720	21.2	17.11	0.504		33.50				42.2	0.906	1000
		6	12.6~13.2	砂土			2.68	20.3	25.11	0.620	0.684	38.30		1.2		36.6	0.743	330
		7	19.00~19.6	亚黏土	14.31	0.88	2.630	20.5	18.48	0.545	0.820	35.30	0.29	5.0	1.4	21.8	0.400	200

每一根桩承受的荷载资料如下：

（1）恒载。

① 孔梁跨结构自重 $N_1 = 1\ 285$ kN；② 盖梁自重 $N_2 = 202.5$ kN；

③ 一根立柱自重 $N_3 = 242$ kN；④ 系梁自重 $N_4 = 46$ kN。

（2）活载——支座反力。

汽—20：

双孔双行：$N_5 = 582$ kN，$N_5' = 109$ kN；单孔双行：$N_6 = 582$ kN。

人群：

双孔双行：$N_7 = N_7' = 75$ kN；单孔双行：$N_8 = 75$ kN。

（3）其他荷载（顺桥向）。

制动力：$T_1 = 30$ kN；盖梁风力 $\omega_1 = 5.4$ kN；立柱风力 $\omega_2 = 14.2$ kN。

要求：① 验算单桩轴向承载力。② 计算桩的内力。

提示：① 按土的阻力验算单桩轴向承载力时，活载用双孔双行进行计算。② 计算桩的内力时，活载用单孔双行进行运算。

设计方案2　桩基础课程设计

一、验算单桩轴向承载力（绘图）

1. 绘图计算相关参数

2. 结合相关参数，计算 R_a

3. 计算 $[R_a]$

4. 单桩轴向承载力验算结论

二、计算桩的内力

1. 计算桩的计算宽度

2. 计算桩的变形系数

3. 墩柱桩顶上外力 N_i，Q_i，M_i 的计算（画图表示）

4. 最大冲刷处桩上的外力 N_0，Q_0，M_0 的计算（画图表示）

5. 最大冲刷线处桩变位 x_0,ϕ_0 的计算

已知 $a=$（　　　）；$EI = 0.8E_c I =$

（1）当桩置于非岩石类土，且 $\alpha h \geqslant 2.5$ 时，取 $k_h = 0$。

（2）当 $H_0=1$ 作用时：

$$\delta_{HH}^{(0)} = \frac{1}{\alpha^3 EI} \times \frac{(B_3 D_4 - B_4 D_3) + k_h (B_2 D_4 - B_4 D_2)}{(A_3 B_4 - A_4 B_3) + k_h (A_2 B_4 - A_4 B_2)}$$

$$\delta_{MH}^{(0)} = \frac{1}{\alpha^2 EI} \times \frac{(A_3 D_4 - A_4 D_3) + k_h (A_2 D_4 - A_4 D_2)}{(A_3 B_4 - A_4 B_3) + k_h (A_2 B_4 - A_4 B_2)}$$

（3）当 $M_0=1$ 作用时：

$$\delta_{HM}^{(0)} = \delta_{MH}^{(0)} = \frac{1}{\alpha^2 EI} \cdot \frac{(B_3 C_4 - B_4 C_3) + k_h (B_2 C_4 - B_4 C_2)}{(A_3 B_4 - A_4 B_3) + k_h (A_2 B_4 - A_4 B_2)}$$

$$\delta_{MM}^{(0)} = \frac{1}{\alpha EI} \cdot \frac{(A_3 C_4 - A_4 C_3) + k_h (A_2 C_4 - A_4 C_2)}{(A_3 B_4 - A_4 B_3) + k_h (A_2 B_4 - A_4 B_2)}$$

（4）x_0，ϕ_0 计算。

$$x_0 = H_0 \delta_{HH}^{(0)} + M_0 \delta_{HM}^{(0)}$$

$$\phi_0 = -(H_0 \delta_{MH}^{(0)} + M_0 \delta_{MM}^{(0)})$$

结论：

6. 最大冲刷线以下深度 Z 处桩截面上的弯矩 M_Z 及剪力 Q_Z 的计算(表 2.7、表 2.8)

$$M_Z = \alpha^2 EI(x_0 A_3 + \frac{\phi_0}{\alpha}B_3 + \frac{M_0}{\alpha^2 EI}C_3 + \frac{H_0}{\alpha^3 EI}D_3)$$

表 2.7 桩身弯矩 M_Z 计算

Z	$\bar{h}=\alpha Z$	A_3	B_3	C_3	D_3	$\alpha^2 EI$	$\alpha^3 EI$	x_0 /mm	ϕ_0 /rad	H_0 /kN	M_0 /(kN·m)	M_Z /(kN·m)
	0.00	0.000 00	0.000 00	1.000 00	0.000 00							
	0.20	−0.001 33	−0.000 13	0.999 99	0.200 00							
	0.40	−0.010 67	−0.002 13	0.999 74	0.399 98							
	0.60	−0.036 00	−0.010 80	0.998 06	0.599 74							
	0.80	−0.085 32	−0.034 12	0.991 81	0.798 54							
	1.00	−0.166 52	−0.083 29	0.975 01	0.994 45							
	1.20	−0.287 37	−0.172 60	0.937 83	1.183 42							
	1.40	−0.455 15	−0.319 33	0.865 73	1.358 21							
	1.60	−0.676 29	−0.543 48	0.738 59	1.506 95							
	1.80	−0.955 64	−0.867 15	0.529 97	1.611 62							
	2.00	−1.295 35	−1.313 61	0.206 76	1.646 28							
	2.20	−1.693 34	−1.905 67	−0.270 87	1.575 38							
	2.40	−2.141 17	−2.663 29	−0.948 85	1.352 01							
	2.60	−2.621 26	−3.599 87	−1.877 34	0.916 79							
	2.80	−3.103 41	−4.717 48	−3.107 91	0.197 29							
	3.00	−3.540 58	−5.999 79	−4.687 88	−0.891 26							
	3.50	−3.919 21	−9.543 67	−10.340 4	−5.854 02							
	4.00	−1.614 28	−11.730 66	−17.918 6	−15.075 5							

$$Q_Z = \alpha^3 EI\left(x_0 A_4 + \frac{\phi_0}{\alpha}B_4 + \frac{M_0}{\alpha^2 EI}C_4 + \frac{H_0}{\alpha^3 EI}D_4\right)$$

表 2.8　桩身剪力 Q_Z 计算

Z	$\bar{h}=\alpha Z$	A_4	B_4	C_4	D_4	$\alpha^2 EI$	$\alpha^3 EI$	x_0 /mm	ϕ_0 /rad	H_0 /kN	M_0 /(kN·m)	Q_Z /kN
	0.00	0.000 00	0.000 00	0.000 00	1.000 00							
	0.20	−0.020 00	−0.002 67	−0.000 20	0.999 90							
	0.40	−0.080 00	−0.021 33	−0.003 20	0.999 66							
	0.60	−0.179 97	−0.071 99	−0.016 20	0.997 41							
	0.80	−0.319 75	−0.170 60	−0.051 20	0.989 08							
	1.00	−0.498 81	−0.332 98	−0.124 93	0.966 67							
	1.20	−0.715 73	−0.574 50	−0.258 86	0.917 12							
	1.40	−0.967 46	−0.907 54	−0.478 83	0.821 02							
	1.60	−1.248 08	−1.350 42	−0.814 46	0.651 56							
	1.80	−1.547 28	−1.905 77	−1.299 09	0.373 68							
	2.00	−1.848 18	−2.577 98	−1.966 20	−0.056 52							
	2.20	−2.124 81	−3.359 52	−2.848 58	−0.691 58							
	2.40	−2.339 01	−4.228 11	−3.973 23	−1.591 51							
	2.60	−2.436 95	−5.140 23	−5.355 41	−2.821 06							
	2.80	−2.345 58	−6.022 99	−6.990 07	−4.444 91							
	3.00	−1.969 28	−6.764 60	−8.840 29	−6.519 72							
	3.50	1.074 08	−6.788 95	−13.692 4	−13.826 1							
	4.00	9.243 68	−0.357 62	−15.610 5	−23.140 4							

从桩身弯矩计算表中可知，最大弯矩设计至为 M_Z=（　　　），发生在最大冲刷线以下 Z=（　　　），可以根据 M_Z、Q_Z 等进行构件的配筋设计，具体计算略。

最大冲刷线以下不同深度 M_z 图（可手绘或者打印粘贴）

最大冲刷线以下不同深度 Q_z 图（可手绘或者打印粘贴）

7. 计算桩顶水平位移

$$\Delta_0 = \frac{H}{E_1 I_1}\left[\frac{1}{3}\left(nh_1^3 + h_2^3\right) + nh_1 h_2(h_1 + h_2)\right] + \frac{M}{2E_1 I_1}\left[h_2^2 + nh_1(2h_2 + h_1)\right]$$

$$\Delta = \chi_0 - \phi_0(h_2 + h_1) + \Delta_0$$

8. 桩的配筋及截面抗压承载力复合（参考结构设计原理课程，略）

模块 3 沉井基础

※ 课程实践任务 2　刚性扩大基础、桩基础、沉井基础的比较

课程实践任务 2 刚性扩大基础、桩基础、沉井基础的比较

实践任务:五人一组,以小组为单位,相互配合完成课外实践任务。

完成时间:　　　年　　　月　　　日。

任务步骤:

(1)每班大致分 6 组,每小组 5~6 人。

(2)寻找校内校外周边的三种基础类型(浅基础、桩基础、沉井基础等)。

(3)观察各种基础的特点和施工工艺,并进行描述。

(4)分别对浅基础、桩基础、沉井基础特点、类型、适用条件进行分析。

实践目的:

以任务驱动的模式教学,激发学生的学习兴趣,使其在生活中去寻找和发现,然后反馈于课堂,这样学生知识面得到了拓展,对于知识点的掌握也会更加的牢固。

实践报告单：见学习任务报告单 2。

学习任务报告单 2

班级：_____ 组号：_____

组员姓名	
构件	浅基础□　　桩基础□　　沉井基础□　　其他：_____
现场照片	1. 施工现场照片；2. 对于施工中所提出问题的相关照片；3. 拍摄组照片递交要求：准备四张照片传至大学城空间或者老师的 QQ 邮箱
小组分工	浅基础：施工_____；拍照：_____。 桩基础：施工_____；拍照：_____。 沉井基础：施工_____；拍照：_____

分析	类型	浅基础	桩基础	沉井基础
	结构类型、位置			
	特点			
	适用条件			
	基础参数描述			
	荷载分析			
	施工中疑问提出（简易描述）			

学习效果自评	团队合作□　工作效率□　交流沟通能力□　获取信息能力□ 写作能力□　表达能力□（根据小组完成任务情况勾选 A：优秀；B：良好；C：合格；D：有待改进）

模块 4　地基的处理

※ 能力训练项目8　水泥搅拌桩案例
※ 能力训练项目9　强夯和碎石桩案例
※ 参考资料1
※ 参考资料2

能力训练项目 8　水泥搅拌桩案例

一、知识点纲要

1. 水泥土搅拌桩定义

利用水泥（或石灰）等材料作为固化剂通过特制的搅拌机械，就地将软土和固化剂（浆液或粉体）强制搅拌，使软土硬结成具有整体性、水稳性和一定强度的水泥加固土，从而提高地基土强度和增大变形模量。

根据固化剂掺入状态的不同，它可分为浆液搅拌和粉体喷射搅拌两种。前者是用浆液和地基土搅拌，后者是用粉体和地基土搅拌。目前，喷浆型湿法深层搅拌机械在国内常用的有单轴、双轴、三轴及多轴搅拌机，喷粉搅拌机目前仅有单轴搅拌机一种机型。

2. 水泥土搅拌桩的优点

（1）最大限度地利用了原土。

（2）搅拌时无振动、无噪声和无污染，可在密集建筑群中进行施工，对周围原有建筑物及地下沟管影响很小。

（3）根据上部结构的需要，可灵活地采用柱状、壁状、格栅状和块状等加固形式。

（4）与钢筋混凝土桩基相比，可节约钢材并降低造价。

3. 水泥土搅拌桩的一般规定

水泥土搅拌法分为深层搅拌法（以下简称湿法）和粉体喷搅法（以下简称干法）。水泥土搅拌法适用于处理正常固结的淤泥与淤泥质土、粉土、饱和黄土、素填土、黏性土以及无流动地下水的饱和松散砂土等地基。当地基土的天然含水量小于30%（黄土含水量小于25%）、大于70%或地下水的DH值小于4时不宜采用干法。冬期施工时，应注意负温对处理效果的影响。

水泥土搅拌法用于处理泥炭土、有机质土、塑性指数 I_P 大于25的黏土、地下水具有腐蚀性时以及无工程经验的地区，必须通过现场试验确定其适用性。

水泥土搅拌法形成的水泥土加固体，可作为竖向承载的复合地基；基坑工程围护挡墙、被动区加固、防渗帷幕；大体积水泥稳定土等。加固体形状可分为柱状、壁状、格栅状或块状等。

确定处理方案前应搜集拟处理区域内详尽的岩土工程资料，尤其是：填土层的厚度和组成；软土层的分布范围、分层情况；地下水位及 pH；土的含水量、塑性指数和有机质含量；等等。

设计前应进行拟处理土的室内配比试验。针对现场拟处理的最弱层软土的性质，选择合适的固化剂、外掺剂及其掺量，为设计提供各种龄期、各种配比的强度参数。对竖向承载的水泥土强度宜取 90 d 龄期试块的立方体抗压强度平均值；对承受水平荷载的水泥土强度宜取 28 d 龄期试块的立方体抗压强度平均值。

4. 水泥土搅拌桩的施工

水泥土搅拌法施工现场事先应予以平整，必须清除地上和地下的障碍物。遇有明浜、池塘及洼地时应抽水和清淤，回填黏性土料并予以压实，不得回填杂填土或生活垃圾。

水泥土搅拌桩施工前应根据设计进行工艺性试桩。当桩周为成层土时，应对相对软弱土层增加搅拌次数或增加水泥掺量。

搅拌头翼片的枚数、宽度、与搅拌轴的垂直夹角、搅拌头的回转数、提升速度应相互匹配，以确保加固深度范围内土体明任何一点均能经过 20 次以上的搅拌。

竖向承载搅拌桩施工时，停浆(灰)面应高于桩顶设计标高 300～500 mm。在开挖基坑时，应将搅拌桩顶端施工质量较差的桩段用人工挖除。

施工中应保持搅拌桩机底盘的水平和导向架的竖直，搅拌桩的垂直偏差不得超过 1%；桩位的偏差不得大于 50 mm；成桩直径和桩长不得小于设计值。

水泥土搅拌法施工步骤由于湿法和干法的施工设备不同而略有差异，二者相同的步骤如下：

（1）桩位放样：根据桩位设计平面图测量放线，定出每一个桩位。

（2）钻机定位：依据放样点使钻机定位，钻头正对桩位中心。用经纬仪确定层向轨与搅拌轴垂直，调平底盘，保证桩机主轴倾斜度不大于 1%。

（3）钻进：启动钻机钻至设计深度。

（4）喷浆搅拌提升：在提升过程中边喷浆(粉)，使水泥浆（粉）和土进行充分拌和。在搅拌过程中，记录人应记录读数表变化情况。

（5）重复搅拌下沉和提升：重复搅拌下沉至设计加固深度。根据设计要求，喷浆(粉)或仅搅拌提升直至预定的停浆(灰)面。

（6）关闭搅拌机械。在预(复)搅下沉时，也可采用喷浆(粉)的工艺，必须确保全桩上下至少再重复搅拌一次。

（7）机械移位。完成搅拌之后机械移至下一处，重复进行操作。

湿法和干法施工差异如下：

（1）湿法。施工前应确定灰浆泵输浆量、灰浆经输浆管到达搅拌机喷浆口的时间和起吊设备提升速度等施工参数，并根据设计要求通过工艺性成桩试验确定施工工艺。所使用的水泥都应过筛，制备好的浆液不得离析，泵送必须连续。拌制水泥浆液的罐数、水泥和外掺剂用量以及泵送浆液的时间等应有专人记录；喷浆量及搅拌深度必须采用经国家计量部门认证的监测仪器进行自动记录。搅拌机喷浆提升的速度和次数必须符合施工工艺的要求，并应有专人记录。当水泥浆液到达出浆口后，应喷浆搅拌 30 s，在水泥浆与桩端土充分搅拌后，再开始提升搅拌头。搅拌机预搅下沉时不宜冲水，当遇到硬土层下沉太慢时，方可适量冲水，但应考虑冲水对桩身强度的影响。

施工时如因故停浆，应将搅拌头下沉至停浆点以下 0.5 m 处，待恢复供浆时再喷浆搅拌提升。若停机超过 3 h，宜先拆卸输浆管路，并妥加清洗。壁状加固时，相邻桩的施工时间间隔不宜超过 24 h。如间隔时间太长，与相邻桩无法搭接时，应采取局部补桩或注浆等补强措施。

（2）干法。喷粉施工前应仔细检查搅拌机械、供粉泵、送气（粉）管路、接头和阀门的密封性、可靠性。送气（粉）管路的长度不宜大于 60 m。水泥土搅拌法(干法)喷粉施工机械必须配置经国家计量部门确认的具有能瞬时检测并记录出粉量的粉体计量装置及搅拌深度自动记录仪。搅拌头每旋转一周，其提升高度不得超过 16 mm。搅拌头的直径应定期复核检查，其磨耗量不得大于 10 mm。当搅拌头到达设计桩底以上 1.5 m 时，应即开启喷粉机提前进行喷粉作业。当搅拌头提升至地面下 500 mm 时，喷粉机应停止喷粉。成桩过程中因故停止喷粉，应将搅拌头下沉至停灰面以下 1 m 处，待恢复喷粉时再喷粉搅拌提升。需在地基土天然含水量小于 30%土层中喷粉成桩时，应采用地面注水搅拌工艺。

二、训练目的

（1）要求学生活学活用，在大数据信息面前提取有效信息，进行总结、归纳、分析。

（2）设置问答环节，要求学生在理解的基础上用自己的语言回答问题，可以加深水泥搅拌桩法处理地基知识点的巩固。

三、训练项目

工程概况：深圳福永码头至洲石路道路工程（图4.1），项目西起沿江高速，东至宝安区中部的洲石路，并经洲石路、宝石路（二期）、清华路、布澜路向东延伸至龙岗，道路全长11.09 km。福州路一期起点位于滨海区，软基处理总长度840 m，其中与沿江高速收费广场软基处理相接段长约600 m。该路段自上而下地层依次为：淤泥、淤泥质中砂、淤泥、下伏亚黏土层，其中淤泥层厚度8.5~11.0 m，局部区域淤泥层夹含1.5 m厚淤泥质中砂。

图4.1 水泥搅拌桩处理地基

该项目软土地基处理设计：软土路基处理从保证填筑过程中及运营期的路基稳定和合理控制工后沉降两方面着手，按照合理规划、分段处理、确保工程质量、经济合理和技术先进的原则进行设计。该处最后确定的方案是使用水泥搅拌桩进行处理。平面处理范围：机动车道影响范围内的水泥搅拌桩间距为 1.2 m，人行道和西海堤影响范围内的水泥搅拌桩间距为 1.5 m。处理深度：水泥搅拌桩桩身进入持力层 1 m。

（1）请结合背景资料和后面附件资料，简单给出用水泥搅拌桩进行处理的几点理由。（提示：从适用条件，经济性、效果等方面分析）

（2）请结合图片和背景资料描述图 4.2 中水泥搅拌桩的施工工艺流程。

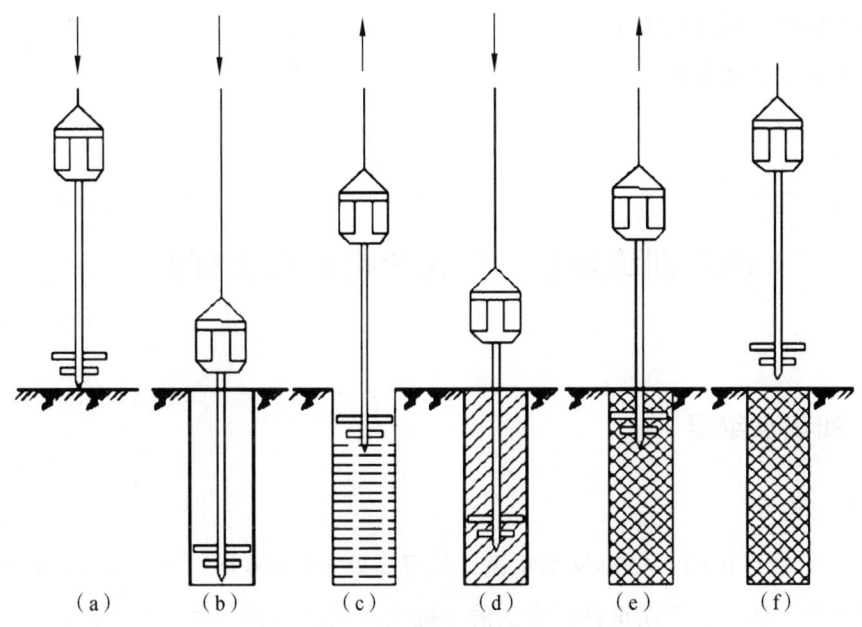

图 4.2 水泥搅拌桩的施工工艺

（a）工艺名称：
（b）工艺名称：

（c）工艺名称：

（d）工艺名称：

（e）工艺名称：

（f）工艺名称：

（3）结合背景资料和深圳福永码头至洲石路道路工程中，水泥搅拌桩的设计内容和参数指标如下，请补充完成下面练习。

① 水泥土搅拌桩桩径 550 mm，间距 1.2～1.5 m，梅花形布置。

② 水泥土搅拌法采用湿法,（　　）掺入量 70 kg/m,（　　）取 0.45～0.55；（　　）采用 P.O 42.5 普通硅酸盐水泥。

③ 加固水泥土 90 d（　　）2.0 MPa，桩体强度承载力特征值为 500 kPa。

④ 搅拌桩施工后，桩顶铺设 0.4 m 厚的（　　）垫层。

（4）水泥土搅拌法干法和湿法对比区分。

水泥土搅拌法分为深层搅拌法[简称（　　）]和粉体喷搅法简称（　　）。

水泥土搅拌法干法适用于（　　　　　　　　　　　　　　　　）。

水泥土搅拌法湿法适用于（　　　　　　　　　　　　　　　　）。

所以本案例采用湿法。

能力训练项目 9　强夯和碎石桩案例

一、知识点纲要

1. 强　夯

（1）定义：采用 80～400 kN 的重锤，从很高处（8～20 m）自由落下，对土体进行强力夯实的方法。这是在重锤夯实法的基础上发展起来的一项技术。强夯法是用很大的冲击能，使土体中出现冲击波和很大的应力，致使孔隙被压缩，土体局部液化，夯实点周围产生裂隙，形成良好排水通道，土体迅速固结。最大加固深度为 11～12 m 或更大。此法不仅能加固陆上土层，也能加固水中土层；适用于多种土类：粗粒土、低饱和度的细粒土、杂填土、素填土、湿陷性黄土；不仅能提高地基承载力，也可防止地基液化。对于饱和细粒土，要慎用。

（2）分类：强夯地基处理可根据加固原理、使用条件和施工工艺划分为强夯法和强夯置换法两种类型。强夯地基处理可与其他地基处理方法组合形成联合地基处理方案。其中强夯置换法又可以分为强夯置换法和半强夯置换法。对于特殊土地基强夯处理，特殊土地基包括软土地基、湿陷性黄土地基和山区地基，其中软土地基处理又可采用强夯置换法、降水联合低能级强夯法、竖向排水联合强夯法和碎（砂）石桩联合强夯法等处理方法。强夯地基处理也可采用人工填土地基强夯处理。强夯地基处理属于一种施工工艺，具体的分类方法各不相同。

（3）适用条件。强夯地基处理适用于碎石土、砂土、低饱和度的粉土和黏性土、湿陷性黄土、杂填土和素填土。强夯置换法适用于高饱和度的粉土与软塑—流塑的黏性土等地基上对变形控制要求不严的工程。实际应用非常广泛，基本上各类地基都可以。

2. 碎石桩

（1）定义：是指用振动、冲击或水冲等方式在软弱地基中成孔后，再将碎石挤压入土孔中，形成大直径的碎石或砂所构成的密实桩体。

（2）发展：我国应用振冲法始于1977年，20多年来，我国在坝基、道路、桥梁、工业与民用建筑地基处理中，振冲法均已得到了广泛的应用。但因振冲碎石桩有泥水污染环境，在城市和已有建筑物地段的应用受到限制，且有软化土的作用。从20世纪80年代开始，各种不同的施工工艺相应产生，如锤击法、振挤法、干振法、沉管法、振动气冲法、袋装碎石法、强夯碎石桩置换法等。虽然这些方法的施工不同于振动水冲法，但是，都可以形成密实的碎石桩，所以碎石桩的内涵扩大了。从制桩工艺和桩体材料方面也进行了改进，如在碎石桩中添加适量的水泥和粉煤灰，称为水泥粉煤灰碎石桩，即CFG桩。各种干法碎石桩施工技术蓬勃发展，与湿法碎石桩并存，是碎石桩技术发展的特色之一。碎石桩多用于软地基或路基加固上，在高速公路施工中效果较明显。

二、训练目的

（1）要求学生活学活用，在大数据信息面前提取有效信息，进行分析和判断。

（2）设置问答环节，要求学生在理解的基础上用自己的语言回答问题，可以加深强夯法、碎石桩法知识点的巩固。

三、训练项目

江苏北部(如徐州、宿迁等)地区广泛分布黄河泛滥沉积物，一般以亚砂土、亚黏土、细砂为主，埋层浅，地下水位高，天然地基承载力低，在地震作用下易产生液化现象。地基液化是引起构筑物破坏的主要形式，同时该地区又受到我省主要的地震危险带郯庐地震带的影响，因此在该地区国道主干线京福、连徐、宁宿徐、沂淮等高速公路建设中不可避免地遇到大面积液化地基处理问题。

根据《公路工程抗震规范》(JTG B02)，对高速公路必须进行液化地基处理，这是减轻地震灾害的根本性措施。因此，如何控制和管理好处理液化地基的施工，做到既经济有效又安全可靠，对保证高速公路建成后的正常运营、减轻地震灾害具有重大现实意义。

（1）什么叫液化地基，有何危害？

（2）高等级公路液化地基处理方案。

液化地基处理恰当与否，关系到整个工程的质量、投资和进度。因此，其重要性已越来越多地被人们所认识。对于高速公路这样大面积处理可液化土而言，强夯法和干振碎石桩法是首选的处理手段。当全液化地基路段较长、需处理面积大、公路沿线外缘较近范围内无村庄、无重要构造物时，强夯法是比较理想的地基处理方法。

（3）请问图4.3用的是什么方法处理易液化的地基？

图4.3 地基处理

① 介绍下这种方法的适用性及优点。

② 根据现场的地质条件和工程作用要求，需考虑哪些强夯参数？

（3）碎石桩是以碎石(卵石)为主要材料制成的复合地基加固桩。碎石桩和砂桩等在国外统称为散体桩或粗颗粒土桩。所谓散体桩是指无黏结强度的桩，由碎石柱或砂桩等散体桩和桩间土组成的复合地基亦可称为散体桩复合地基。目前在国内外广泛应用的碎石桩、砂桩、渣土桩等复合地基都是散体桩复合地基。

① 请问表 4.1 中图用的是什么方法处理的地基？有哪些分类？请在图上标识出来。

表 4.1 地基处理方法认知

图　　片	地基处理方法	分　类

② 碎石桩的基本原理是什么？

③ 简单介绍下振冲(干法)碎石桩施工程序。

参考资料 1

各种土层介绍及处理方法

1. 软黏土

软黏土也称软土,是软弱黏性土的简称。它形成于第四纪晚期,属于海相、泻湖相、河谷相、湖沼相、溺谷相、三角洲相等的黏性沉积物或河流冲积物。多分布于沿海、河流中下游或湖泊附近地区。常见的软弱黏性土是淤泥和淤泥质土。软土的物理力学性质包括如下几个方面:

(1)物理性质。

黏粒含量较多,塑性指数 I_p 一般大于 17,属黏性土。软黏土多呈深灰、暗绿色,有臭味,含有机质,含水量较高、一般大于 40%,而淤泥也有大于 80% 的情况。孔隙比一般为 1.0~2.0,其中孔隙比为 1.0~1.5 称为淤泥质黏土,孔隙比大于 1.5 时称为淤泥。由于其高黏粒含量、高含水量、大孔隙比,因而其力学性质也就呈现与之对应的特点——低强度、高压缩性、低渗透性、高灵敏度。

(2)力学性质。

软黏土的强度极低,不排水强度通常仅为 5~30 kPa,表现为承载力基本值很低,一般不超过 70 kPa,有的甚至只有 20 kPa。软黏土尤其是淤泥灵敏度较高,这也是区别于一般黏土的重要指标。

软黏土的压缩性很大。压缩系数大于 $0.5~\mathrm{MPa^{-1}}$,最大可达 $45~\mathrm{MPa^{-1}}$,压缩指数为 0.35~0.75。通常情况下,软黏土层属于正常固结土或微超固结土,但有些土层特别是新近沉积的土层有可能属于欠固结土。渗透系数很小是软黏土的又一重要特点,一般在 10^{-5}~10^{-8} cm/s,渗透系数小则固结速率就很慢,有效应力增长缓慢,从而沉降稳定慢,地基强度增长也十分缓慢。这一特点是严重制约地基处理方法和处理效果的重要方面。

（3）工程特性。

软黏土地基承载力低，强度增长缓慢；加荷后易变形且不均匀；变形速率大且稳定时间长；具有渗透性小、触变性及流变性大的特点。常用的地基处理方法有预压法、置换法、搅拌法等，如图4.4所示。

图4.4　软黏土

2. 杂填土

杂填土主要出现在一些老的居民区和工矿区内，是人们的生活和生产活动所遗留或堆放的垃圾土。这些垃圾土一般分为三类：建筑垃圾土、生活垃圾土和工业生产垃圾土。不同类型的垃圾土、不同时间堆放的垃圾土很难用统一的强度指标、压缩指标、渗透性指标加以描述，如图4.5所示。

杂填土的主要特点是无规划堆积、成分复杂、性质各异、厚薄不均、规律性差。因而同一场地表现为压缩性和强度的明显差异，极易造成不均匀沉降，通常都需要进行地基处理，有强夯法、冲振法、水泥搅拌法等。

3. 冲填土

冲填土是人为地用水力冲填方式沉积的土（图4.6）。近年来多用于沿海滩涂开发及河漫滩造地。西北地区常见的水坠坝（也称冲填坝）即是冲填土堆筑的坝。冲填土形成的地基可视为天然地基的一种，它的工程性质主要取决于冲填土的性质。冲填土地基一般具有如下一些重要特点。

图 4.5 杂填土

图 4.6 冲填土

（1）颗粒沉积分选性明显，在入泥口附近，粗颗粒较先沉积，远离入泥口处，所沉积的颗粒变细；同时在深度方向上存在明显的层理。

（2）冲填土的含水量较高，一般大于液限，呈流动状态。停止冲填后，表面自然蒸发后常呈龟裂状，含水量明显降低，但下部冲填土当排水条件较差时仍呈流动状态，冲填土颗粒愈细，这种现象愈明显。

（3）冲填土地基早期强度很低，压缩性较高，这是因为冲填土处于欠固结状态。冲填土地基随静置时间的增长逐渐达到正常固结状态。其工程性质取决于颗粒组成、均匀性、排水固结条件以及冲填后静置时间。

4. 饱和松散砂（图 4.7）

粉砂或细砂地基在静荷载作用下常具有较高的强度。但是当振动荷载（地震、机械振动等）作用时，饱和松散砂土地基则有可能产生液化或大量震陷变形，甚至丧失承载力。这是因为土颗粒松散排列并在外部动力作用下使颗粒的位置产生错位，以达到新的平衡，瞬间产生较高的超静孔隙水压力，有效应力迅速降低。对这种地基进行处理的目的就是使它变得较为密实，消除在动荷载作用下产生液化的可能性。常用的处理方法有挤出法、振冲法等。

图 4.7 饱和松散砂

5. 湿陷性黄土（图 4.8）

在上覆土层自重应力作用下，或者在自重应力和附加应力共同作用下，因浸水后土的结构破坏而发生显著附加变形的土称为湿陷性土，属于特殊土。有些杂填土也具有湿陷性。广泛分布于我国东北、西北、华中和华东部分地区的黄土多具湿陷性（这里所说的黄土泛指黄土和黄土状土。湿陷性黄土又分为自重湿陷性和非自重湿陷性黄土，也有的老黄土不具湿陷性）。在湿陷性黄土地基上进行工程建设时，必须考虑因地基湿陷引起附加沉降对工程可能造成的危害，选择适宜的地基处理方法，避免或消除地基的湿陷或因少量湿陷所造成的危害。主要地基处理方法有强夯法、冲振法、CFG 桩法等。

图 4.8 湿陷性黄土

6. 膨胀土（图 4.9）

膨胀土的矿物成分主要是蒙脱石，它具有很强的亲水性，吸水时体积膨胀，失水时体积收缩。这种胀缩变形往往很大，极易对建筑物造成破坏。膨胀土在我国的分布范围很广，如广西、云南、河南、湖北、四川、陕西、河北、安徽、江苏等地均有不同范围的分布。膨胀土是特殊土的一种，常用的地基处理方法有换土、土性改良、预浸水以及防止地基土含水量变化等工程措施。

图 4.9 膨胀土

7. 岩　溶

在岩溶(喀斯特)地区常存在溶洞或土洞、溶沟、溶隙、洼地等。地下水的冲蚀或潜蚀使其形成和发展，它们对结构物的影响很大，易于出现地基不均匀变形、崩塌和陷落。因此在修建结构物之前，必须进行必要的处理。岩溶塌陷的平面形态具有圆形、椭圆形、长条形及不规则形等，主要与下伏岩洞隙的开口形态及其上覆岩、土体的性质在平面上分布的均一性有关。其剖面形态具有坛状、井状、漏斗状、碟状及不规则状等，主要与塌层的性质有关，黏性土层塌陷多呈坛状或井状，砂土层塌陷多具漏斗状，松散土层塌陷常呈碟状，基岩塌陷剖面常呈不规则的梯状（图 4.10）。

图 4.10　岩溶塌陷

8. 有机质土和泥炭土（图 4.11）

当土中含有不同的有机质时，将形成不同的有机质土，在有机质超过一定含量时就形成泥炭土，它具有不同的工程特性，有机质的含量越高，对土质的影响越大，主要表现为强度低、压缩性大，并且对不同工程材料的掺入有不同影响等，对直接工程建设或地基处理构成不利的影响。

图 4.11 有机质土和泥炭土

参考资料 2

1. 地基处理的目的

改善地基土的工程性质,达到满足上部结构对地基稳定和变形的要求。

(1) 提高地基土抗剪强度,增大地基承载力,防止剪切破坏或减轻土压力。

(2) 改善地基土压缩特性,减少沉降和不均匀沉降。

(3) 改善其渗透性,加速固结沉降过程;改善土的动力特性防止液化,减少振动。

2. 地基处理的方法

地基处理方法的分类有很多种,可以从地基处理的原理,地基处理的目的、地基处理的性质、地基处理的时效和动机等不同角度进行分类,具体见表 4.2。其中最本质的是根据地基处理的作用机理进行分类。

表 4.2　地基处理的主要方法、适用范围

物理处理				化学处理		热学处理	
置换	排水	挤密	加筋	搅拌	灌浆	热加固	冻结

应该指出，对地基处理方法进行严格分类是十分困难的。不少方法具有几种不同的作用。如碎石桩具有置换、挤密、排水和加筋的多重作用；石灰桩具有又挤密土体又吸水的作用，吸水后又进一步挤密土体等。此外，还有一些地基处理方法的加固机理和计算方法目前尚不十分明确，有待进一步探讨。由于地基处理方法不断发展，其功能不断地扩大，也使分类变得更加困难。

根据地基处理方法的基本原理，为消除或减少特殊土的不良工程特性地基处理方法基本上可以分为如表 4.3～4.7 所示的几类。

表 4.3　置换法

分类	方法	加固原理	适用范围
置换	换土垫层法	采用开挖后换好土回填的方法；对于厚度较小的淤泥质土层，亦可采用抛石挤淤法。地基浅层性能良好的垫层，与下卧层形成双层地基。垫层可有效地扩散基底压力，提高地基承载力和减少沉降量	各种浅层的软弱土地基
	振冲置换法	利用振冲器在高压水的作用下边振、边冲，在地基中成孔，在孔内回填碎石料且振密成碎石桩。碎石桩柱体与桩间土形成复合地基，提高承载力，减少沉降量	$c_u<20\ \text{kPa}$ 的黏性土、松散粉土和人工填土、湿陷性黄土地基等
	强夯置换法	采用强夯时，夯坑内回填块石、碎石挤淤置换的方法，形成碎石墩柱体，以提高地基承载力和减少沉降量	浅层软弱土层较薄的地基
	碎石桩法	采用沉管法或其他技术，在软土中设置砂或碎石桩柱体，置换后形成复合地基，可提高地基承载力、降低地基沉降。同时，砂、石柱体在软黏土中形成排水通道，加速固结	一般软土地基

续表 4.3

分类	方法	加固原理	适用范围
置换	石灰桩法	在软弱土中成孔后，填入生石灰或其他混合料，形成竖向石灰桩柱体，通过生石灰的吸水膨胀、放热以及离子交换作用改善桩柱体周围土体的性质，形成石灰桩复合地基，以提高地基承载力，减少沉降量	人工填土、软土地基
	EPS轻填法	发泡聚苯乙烯（EPS）重度只有土的1/50~1/100，并具有较高的强度和低压缩性，用于填土料，可有效减少作用于地基的荷载，且根据需要用于地基的浅层置换	软弱土地基上的填方工程

表 4.4 排水固结法

分类	方法	加固原理	适用范围
排水固结	加载预压法	在预压荷载作用下，通过一定的预压时间，天然地基被压缩、固结，地基土的强度提高，压缩性降低。在达到设计要求后，卸去预压荷载，再建造上部结构，以保证地基稳定和变形满足要求。当天然土层的渗透性较低时，为了缩短渗透固结的时间，加速固结速率，可在地基中设置竖向排水通道，如砂井等	软土、粉土、杂填土、冲填土等
	超载预压法	基本原理同加载预压法，但预压荷载超过上部结构的荷载。一般在保证地基稳定的前提下，超载预压方法的效果更好，特别是对降低地基次固结沉降十分有效	淤泥质黏性土和粉土

表 4.5　振密挤密法

分类	方法	加固原理	适用范围
振密挤密	强夯法	采用100~400 kN的夯锤，从高处自由落下，在强烈的冲击力和振动力作用下，地基土密实，可以提高承载力，减少沉降量	松散碎石土、砂土，低饱和度粉土和黏性土，湿陷性黄土和素填土地基
	振冲密实法	振冲器的强力振动，使得饱和砂层发生液化，砂粒重新排列，孔隙率降低；同时，利用振冲器的水平振冲力，回填碎石料使得砂层挤密，达到提高地基承载力，降低沉降的目的	黏粒含量少于10%的疏松散砂土地基
	挤密碎（砂）石桩法	施工方法与排水中的碎（砂）石桩相同，但是，沉管过程中的排土和振动作用，将桩柱体之间土体挤密，并形成碎（砂）石桩柱体复合地基，达到提高地基承载力和减小地基沉降的目的	松散砂土、杂填土、非饱和黏性土地基、黄土地基
	土、灰土桩法	采用沉管等技术，在地基中成孔，回填土或灰土形成竖向加固体，施工过程中排土和振动作用，挤密土体，并形成复合地基，提高地基承载力，减小沉降量	地下水位以上的湿陷性黄土、杂填土、素填土地基

表 4.6　加筋法

分类	方法	加固原理	适用范围
加筋	加筋土法	在土体中加入起抗拉作用的筋材，例如土工合成材料、金属材料等，通过筋土间作用，达到减小或抵抗土压力、调整基底接触应力的目的。可用于支挡结构或浅层地基处理	浅层软弱土地基处理、挡土墙结构
	锚固法	主要有土钉和土锚法，土钉加固作用依赖于土钉与其周围土间的相互作用；土锚则依赖于锚杆另一端的锚固作用。两者主要功能是减少或承受水平向作用力	边坡加固，土锚技术应用中，必须有可以锚固的土层、岩层或构筑物
	竖向加固体复合地基法	在地基中设置小直径刚性桩、低等级混凝土桩等竖向加固体，例如CFG桩、二灰混凝土桩等，形成复合地基，提高地基承载力，减少沉降量	各类软弱土地基、尤其是较深厚的软土地基

表 4.7 化学加固法

分类	方法	加固原理	适用范围
化学固化	深层搅拌法	利用深层搅拌机械，将固化剂（一般的无机固化剂为水泥、石灰、粉煤灰等）在原位与软弱土搅拌成桩柱体，可以形成桩柱体复合地基、格栅状或连续墙支挡结构。作为复合地基，可以提高地基承载力和减少变形；作为支挡结构或防渗，可以用作基坑开挖时，重力式支挡结构，或深基坑的止水帷幕。水泥系深层搅拌法，一般有两大类方法，即喷浆搅拌法和喷粉搅拌法	饱和软黏土地基，对于有机质较高的泥炭质土或泥炭、含水量很高的淤泥和淤泥质土，适用性宜通过试验确定
	灌浆或注浆法	有渗入灌浆、劈裂灌浆、压密灌浆以及高压注浆等多种工法，浆液的种类较多	类软弱土地基，岩石地基基加固，建筑物纠偏等加固处理

参考文献

[1] 杨侣珍. 基础工程[M]. 成都：西南交通大学出版社，2015.

[2] 中华人民共和国交通部. 公路桥涵设计通用规范（JTG D60—2015）[S]. 北京：人民交通出版社，2015.

[3] 中华人民共和国交通部. 公路桥涵施工技术规范（JTG/T F50—2011）[S]. 北京：人民交通出版社，2011.

[4] 中华人民共和国交通部. 公路工程技术标准(JTG B01—2014) [S]. 北京：人民交通出版社，2014.

[5] 中华人民共和国交通部. 公路桥涵地基与基础设计规范（JTG D3—2007）[S]. 北京：人民交通大学出版社，2007.

[6] 上官子昌，于世平. 地基基础工程设计施工实用图集[M]. 北京：机械工业出版社，2007.

[7] 黄生根，吴鹏，戴国亮. 基础工程原理与方法[M]. 武汉：中国地质大学出版社，2009.

[8] 陈方晔. 基础工程[M]. 北京：人民交通出版社，2010.

[9] 王晓谋. 基础工程[M]. 4版. 北京：人民交通出版社，2010.

[10] 中国建筑科学研究院. 建筑地基处理技术规范(JGJ 79—2002) [S]. 北京：中国建筑工业出版社，2013.